转型发展系列教材

GUANLI KUAIJI SHIXUE
管理会计实训

主　编　程　岩　蒲银花　王家升
副主编　刘文卓　张　悦　赵　玲

西南交通大学出版社
·成都·

图书在版编目（CIP）数据

管理会计实训 / 程岩，蒲银花，王家升主编. —成都：西南交通大学出版社，2018.6（2023.7 重印）
转型发展系列教材
ISBN 978-7-5643-6246-1

Ⅰ. ①管… Ⅱ. ①程… ②蒲… ③王… Ⅲ. ①管理会计–高等学校–教材 Ⅳ. ①F234.3

中国版本图书馆 CIP 数据核字（2018）第 133133 号

转型发展系列教材

管理会计实训

主编	程岩 蒲银花 王家升
责任编辑	罗爱林
封面设计	严春艳
出版发行	西南交通大学出版社
	（四川省成都市金牛区二环路北一段 111 号
	西南交通大学创新大厦 21 楼）
邮政编码	610031
发行部电话	028-87600564　028-87600533
官网	http://www.xnjdcbs.com
印刷	成都中永印务有限责任公司
成品尺寸	185 mm × 260 mm
印张	9.25
字数	168 千
版次	2018 年 6 月第 1 版
印次	2023 年 7 月第 4 次
定价	25.00 元
书号	ISBN 978-7-5643-6246-1

课件咨询电话：028-81435775
图书如有印装质量问题　本社负责退换
版权所有　盗版必究　举报电话：028-87600562

转型发展系列教材编委会

顾　　问　蒋葛夫
主　　任　汪辉武
执行主编　蔡玉波　陈叶梅
　　　　　贾志永　王　彦

总 序

教育部、国家发展改革委、财政部《关于引导部分地方普通本科高校向应用型转变的指导意见》指出：

"当前，我国已经建成了世界上最大规模的高等教育体系，为现代化建设作出了巨大贡献。但随着经济发展进入新常态，人才供给与需求关系深刻变化，面对经济结构深刻调整、产业升级加快步伐、社会文化建设不断推进特别是创新驱动发展战略的实施，高等教育结构性矛盾更加突出，同质化倾向严重，毕业生就业难和就业质量低的问题仍未有效缓解，生产服务一线紧缺的应用型、复合型、创新型人才培养机制尚未完全建立，人才培养结构和质量尚不适应经济结构调整和产业升级的要求。"

"贯彻党中央、国务院重大决策，主动适应我国经济发展新常态，主动融入产业转型升级和创新驱动发展，坚持试点引领、示范推动，转变发展理念，增强改革动力，强化评价引导，推动转型发展高校把办学思路真正转到服务地方经济社会发展上来，转到产教融合校企合作上来，转到培养应用型技术技能型人才上来，转到增强学生就业创业能力上来，全面提高学校服务区域经济社会发展和创新驱动发展的能力。"

高校转型的核心是人才培养模式，因为应用型人才和学术型人才是有所不同的。应用型技术技能型人才培养模式，就是要建立以提高实践能力为引领的人才培养流程，建立产教融合、协同育人的人才培养模式，实现专业链与产业链、课程内容与职业标准、教学过程与生产过程对接。

应用型技术技能型人才培养模式的实施，必然要求进行相应的课程改革，我们这套"转型发展系列教材"就是为了适应转型发展的课程改革需要而推出的。

希望教育集团下属的院校，都是以培养应用型技术技能型人才为职责使命的，人才培养目标与国家大力推动的转型发展的要求高度契合。在办学过程中，围绕培养应用型技术技能型人才，教师们在不同的课程教学中进行了卓有成效的探索与实践。为此，我们将经过教学实践检验的、较成熟的讲义陆续整理出版。一来与兄弟院校共同分享这些教改成果，二来也希望兄弟院校对于其中的不足之处进行指正。

让我们共同携起手来，增强转型发展的历史使命感，大力培养应用型技术技能型人才，使其成为产业转型升级的"助推器"、促进就业的"稳定器"、人才红利的"催化器"！

汪辉武
2016年6月

前　言

　　实践是检验真理的唯一标准，财会类专业学生在完成相关理论知识学习后，需要结合企业实际业务进行练习，巩固理论知识。通过管理会计实训这门课程的练习，学生既可以对所学理论知识进行检验及升华，也可以提高其理论运用于实践的能力，为快速融入职业生涯做好准备。

　　管理会计实训共分八个单元，分别为成本性态分析、变动成本法、本量利分析、经营预测、短期经营决策模拟实验、长期投资决策模拟实验、全面预算管理、管理会计评价体系。具体的编写分工：张悦负责编写第一单元至第四单元；刘文卓负责编写第五单元及第六单元；赵玲负责编写第七单元；蒲银花负责编写第八单元；王家升负责具体单元内容安排及校对；程岩负责整体单元布局。

　　通过以上八个单元对管理会计相关知识由浅入深地回顾，财会类相关专业学生能够巩固所学的管理会计理论基础知识；通过大量案例示范引导及案例实训演练的练习，学生能够提升其结合企业实际业务进行提出问题、分析问题、解决问题的能力。

　　本教材既可作为高等院校财会相关专业的教学实训用书和教学指导参考用书，也可作为企业财务从业人员和管理人员的实践指导用书和培训教材。由于时间紧迫以及编者能力方面的局限性，本书存在不足之处，恳请各位读者批评指正！

编者

2018 年 3 月

目　录

第一单元　成本性态分析 ·· 1
　　一、实训目的 ·· 1
　　二、知识回顾 ·· 1
　　三、案例示范及引导 ·· 5
　　四、案例实训演练 ··· 6

第二单元　变动成本法 ·· 10
　　一、实训目的 ·· 10
　　二、知识回顾 ·· 10
　　三、案例示范及引导 ·· 11
　　四、案例实训演练 ··· 16

第三单元　本量利分析 ·· 22
　　一、实训目的 ·· 22
　　二、知识回顾 ·· 22
　　三、案例示范及引导 ·· 24
　　四、案例实训演练 ··· 27

第四单元　经营预测 ·· 31
　　一、实训目的 ·· 31
　　二、知识回顾 ·· 31
　　三、案例示范及引导 ·· 38
　　四、案例实训演练 ··· 42

第五单元　短期经营决策模拟实验 ·· 46
　　一、实训目的 ·· 46
　　二、知识回顾 ·· 46
　　三、案例示范及引导 ·· 52
　　四、案例实训演练 ··· 62

第六单元　长期投资决策模拟实验 ································· 65

　　一、实训目的 ··· 65
　　二、知识回顾 ··· 65
　　三、案例示范及引导 ·· 75
　　四、案例实训演练 ··· 77

第七单元　全面预算管理 ·· 86

　　一、实训目的 ··· 86
　　二、知识回顾 ··· 86
　　三、案例示范及引导 ·· 89
　　四、案例实训演练 ··· 92

第八单元　管理会计评价体系 ······································· 108

　　一、实训目的 ··· 108
　　二、知识回顾 ··· 108
　　三、案例示范及引导 ·· 110
　　四、案例实训演练 ··· 117

参考文献 ·· 138

第一单元　成本性态分析

一、实训目的

本单元是本实训教材的基础部分，主要包括成本性态分析的概念、分类及混合成本的分解等内容。通过本单元的实训，学生能理解成本性态分析的概念和相关知识点，熟练掌握混合成本的分解等实训内容，为以后的实训做好基础知识准备。

二、知识回顾

（一）成本性态的概念

成本性态，也称成本习性，是指成本变动与业务量相互依存的关系。成本按性态的分类，就是指根据成本与业务量的关系，以成本是否随业务量增减变动为标准进行的分类。

（二）成本按性态的分类

成本按其性态可以分为固定成本、变动成本和混合成本三类。

1. 固定成本

固定成本是相对于变动成本而言的，是指成本总额在一定时期和一定业务量范围内，不受业务量增减变动影响而保持不变的成本。

（1）固定成本的特点。

① 在相关范围内，成本总额保持不变。

② 单位产品中的固定成本（即单位固定成本），随着业务量的增减变动呈反比例变动。

（2）固定成本的分类。

固定成本还可根据其支出数是否受企业管理层短期决策行为的影响，进一步分为约束性固定成本和酌量性固定成本。

① 约束性固定成本，也叫经营能力成本，它是企业根据自身生产能力确定的一定期间的固定成本总额，一般不受管理部门短期决策的影响。像厂房、机器设备的折旧费、不动产税、财产保险费及管理人员的工资等均属于约束性固定成本。

② 酌量性固定成本，也叫可调整固定成本，它是指受管理部门短期经营决策的影

响，可以在不同时期改变其数额的一部分固定成本。像企业的广告费、职工培训费、新产品开发费和经营性租赁费等均属于酌量性固定成本。

2. 变动成本

变动成本是指那些成本的总发生额在相关范围内随着业务量的变动而呈线性变动的成本。直接人工、直接材料都是典型的变动成本，在一定期间内，它们的发生总额随着业务量的增减而成正比例变动，但单位产品的耗费保持不变。

（1）变动成本的特点。

① 在一定时期和一定业务量范围内，成本总额随业务量的增减变动成正比例变动。

② 单位产品中的变动成本（即单位变动成本）不受业务量增减变动的影响而保持不变。

（2）变动成本的分类。

变动成本可按照其发生的原因进一步分为技术性变动成本和酌量性变动成本。

① 技术性变动成本。技术性变动成本又称设计变动成本，是指其单位成本受客观因素决定、消耗量由技术因素决定的那部分变动成本。例如，某热电厂的锅炉必须使用燃烧值在一定标准的精煤，只要工艺技术及产品设计不改变，燃烧成本就属于随发电量成正比变动的技术性变动成本。

② 酌量性变动成本。酌量性变动成本是指其单位消耗量由客观因素决定，其单位成本主要受企业管理部门决策影响的那部分变动成本。例如，在不影响质量和单位消耗量不变的前提下，企业可以在不同地区或不同供货单位采购到不同价格的某种原材料，此原材料的成本消耗就属于酌量性变动成本。

3. 混合成本

混合成本是介于固定成本和变动成本之间，其总额既随业务量变动又不成正比例变动的那部分成本。混合成本的数额随着业务量的变动而呈非正比例的变动。在实际的项目中，如维修费用、检验费用等，其成本性态并不明显，这些项目也随着业务量的变化而变化，但并不是正比例变动，兼具固定成本和变动成本两种不同性质的成本。

4. 总成本公式及其性态模型

根据以上分析，企业总成本按照成本性态分为变动成本、固定成本和混合成本三大类，其中混合成本又包括变动成本和固定成本，那么，企业总成本的公式就可以写成：

$$企业总成本 = 固定成本总额 + 变动成本总额$$
$$= 固定成本总额 + 单价变动成本 \times 业务量$$

现设总成本为 y，固定成本总额为 a，单位变动成本为 b，业务量为 x。总成本公式就可以写成：

$$y = a + bx$$

式中，x 是自变量；a 是常数，为截距；b 是直线的斜率；y 是因变量，即函数。

从数学的观点来看，这是一个直线方程。

5. 混合成本的分解

混合成本既包含变动的因素，也包含固定的因素，因而它的性质与总成本的性质相似。但为了分析方便，对于这种混合成本，必须采用适当的方法将其中的变动因素与固定因素分解出来，并分别划入变动成本和固定成本，以便有效利用管理成本通用模型。

混合成本的分解方法通常有账户分析法、工程分析法、合同确认法和历史成本分析法。

（1）账户分析法。

账户分析法又称会计分析法，是指根据各有关成本明细账的发生额，结合其与业务量的依存关系，对每项成本的具体内容进行直接分析，使其分别归入固定成本或变动成本的一种方法。

账户分类法具有简便易行的优点，且计算结果直观，适用于会计基础工作较好的企业。但由于此法要求分析人员根据自己的主观判断来决定每项成本是固定成本还是变动成本，因此分类结果比较主观。

（2）工程分析法。

工程分析法又称技术测定法，它是由工程技术人员通过某种技术方法测定正常生产流程中投入和产出之间规律性的联系，以便逐项研究决定成本高低的每个因素，并在此基础上直接估算固定成本和单位变动成本的一种方法。

采用该方法的关键之处在于，准确测定反映在一定生产技术和管理水平条件下，投入的成本与产出的数量之间有规律性联系的各种消耗量标准。该方法既是在缺乏历史成本数据条件下可用的最有效的方法，也是用于检验历史成本分析结论的最佳方法。但应用起来较复杂，工作量很大，而且对不能直接归属于特定的投入产出关系的成本，不能使用该方法。该方法适用于投入量与产出量较稳定的企业及其主要成本分解。

（3）合同确认法。

合同确认法是根据企业与供应单位所订立的合同中关于支付费用的规定，来确认并估算哪些属于变动成本，哪些属于固定成本的方法。

这种方法特别适用于有明确计算方法的各种初始量变动成本，如电费、水费、煤气费、电话费等各项公用事业费。其账单上的基数即为固定成本，而按耗用量多少计价部分则属于变动成本。该方法也是在没有历史成本数据下可应用的一种方法。

（4）历史成本分析法。

历史成本分析法是根据混合成本在过去一定期间内的成本与业务量的历史资料，采用适当的数学方法对其进行数据处理，从而分解出固定成本总额和单位变动成本，并以此来确定所估算的未来成本的一种定量分析法。

该方法要求企业历史资料齐全，成本数据与业务量的资料同期配套，且具有相关性。因此，此方法适用于生产条件比较稳定、成本水平波动不大以及有关历史资料比较完备的企业。

历史成本分析法具体可分为高低点法、散点图法和回归直线法三种。

① 高低点法。

高低点法是从过去一定时期相关范围内的资料中，选出最高业务量和最低业务量及相应的成本这两组数据，来推算固定成本和单位变动成本的一种方法。

高低点法的基本原理：任何一个项目的混合成本都是由固定成本和变动成本两种因素构成，因而它的成本函数模型与总成本函数模型类似，也可用 $y=a+bx$ 来表示。根据成本性态可知，固定成本在相关范围内是不变的，所以当业务量增加而引起的总成本的增加就是由变动成本引起的。

具体做法：以一定期间相关范围内最高点业务量的混合成本 y_H 与最低点业务量的混合成本 y_L 之差，除以最高点业务量 x_H 与最低点业务量 x_L 之差，求出混合成本中的单位变动成本 b 的值；然后再以 b 的值代入最高点或最低点的混合成本中求出固定成本 a 的值。其计算公式为：

$$b = \frac{y_H - y_L}{x_H - x_L}, \quad a = y_H - bx_H \quad \text{或} \quad a = y_L - bx_L$$

② 散点图法。

散点图法又称目测画线法，是指将若干业务量和成本的历史数据标注在坐标图上，通过目测画一条尽可能接近所有坐标点的直线，并据此来核算固定成本 a（或混合成本中的固定部分）和单价变动成本 b（或混合成本中变动部分的单位额）的一种成本性态分析方法。由于该方法考虑了所有相关历史数据，因此，其计算结果比只要两头不要中间的高低点法更为精确。

③ 回归直线法。

回归直线法是一种数理统计法，它根据过去若干期业务量与成本的资料，应用数学上的最小平方法原理，来精确地计算混合成本中的固定成本和单位变动成本。

其原理是：从散点图中找到一条直线，使该直线与由全部历史数据形成的散点之间的误差平方和最小。这条直线在数理统计中称为"回归直线"或"回归方程"。因此这种方法又称最小平方法。

采用回归直线法，首先假设反映成本与业务量关系的直线方程 $y=a+bx$ 成立，然后求出方程式中参数 a 和 b 的数值。a 和 b 的数值可通过建立回归直线法的联立方程组求得：

$$a = \frac{\sum x^2 \sum y - \sum x \sum xy}{n \sum x^2 - (\sum x)^2}$$

$$b = \frac{n \sum xy - \sum x \sum y}{n \sum x^2 - (\sum x)^2}$$

三、案例示范及引导

A 企业的混合成本分解

A 企业是一家汽车零配件加工企业，由于该企业没有及时更新机器设备，采用几年前的机器设备进行零配件的加工，所以经常要定期进行机器设备的维修。

A 企业 2016 年下半年的机器设备维修相关资料如下：

A 企业 2016 年下半年的机器设备维修费分别为：7 月 1000 元，8 月 1050 元，9 月 750 元，10 月 950 元，11 月 1100 元，12 月 900 元。

A 企业 2016 年下半年的机器设备的业务量分别为：7 月 60 千机时，8 月 80 千机时，9 月 40 千机时，10 月 70 千机时，11 月 90 千机时，12 月 50 千机时。

要求：

（1）采用高低点法将 A 企业的机器设备维修费分解为变动成本和固定成本。

（2）采用回归直线法对 A 企业的机器设备维修费进行分解。

【案例分析】

（1）根据上述机器设备维修费的历史资料，列出该企业 2016 年下半年的机器设备维修费数据（见表 1-1），并找出最高业务量与最低业务量实际发生的机器设备维修费数据（见表 1-2）。

表 1-1　A 企业 2016 年下半年的机器设备维修费

月份	7	8	9	10	11	12
业务量/千机时	60	80	40	70	90	50
维修费/元	1000	1050	750	950	1100	900

表 1-2　高低点表

摘要	高点	低点	差额（Δ）
业务量（x）/千机时	90	40	$\Delta x = 50$
维修费（y）/元	1100	750	$\Delta y = 350$

$$b = \Delta y / \Delta x = 350 / 50 = 7 \text{（元/千机时）}$$

将 b 代入高点混合成本公式得：

$$a = y - bx = 1100 - 7 \times 90 = 470 \text{（元）}$$

机器设备维修费混合成本分解公式为：

$$y = a + bx = 470 + 7x$$

（2）首先，根据 A 企业 2016 年下半年的机器设备维修费资料进行处理，计算出 a 与 b 的值所需要的有关数据（见表 1-3）。

表 1-3 A 企业机器设备维修费回归分析计算表

月份	业务量（x）/千机时	维修费（y）/元	xy	x^2
7	60	1000	60 000	3600
8	80	1050	84 000	6400
9	40	750	30 000	1600
10	70	950	66 500	4900
11	90	1100	99 000	8100
12	50	900	45 000	2500
n=6	$\sum x$ =390	$\sum y$ =5750	$\sum xy$ =384 500	$\sum x^2$ =27 100

其次，根据表 1-3 最后一行的合计数，代入回归直线法公式，分别确定混合成本变动率 b 和固定成本 a 的值：

$$b=\frac{n\sum xy-\sum x\sum y}{n\sum x^2-(\sum x)^2}=\frac{6\times 384\,500-390\times 5750}{6\times 27\,100-390^2}=\frac{64\,500}{10\,500}\approx 6.14(千机时)$$

$$a=\frac{\sum x^2\sum y-\sum x\sum xy}{n\sum x^2-(\sum x)^2}=\frac{27\,100\times 5750-390\times 384\,500}{6\times 27\,100-390^2}=\frac{5\,870\,000}{10\,500}\approx 559.05(元)$$

这样，维修费的混合成本公式就可确定为：

$$y=a+bx=559.05+6.14x$$

四、案例实训演练

甲产品的成本性态分析

A 企业是一家零件生产企业，其主要经营甲零件。2016 年该企业甲零件前 10 个月的产量和总成本资料如表 1-4 所示。

表 1-4 2016 年甲产品 1—10 月份的产量和总成本情况

月份	产量/件	总成本/元
1	250	710 000
2	280	820 000
3	290	835 200
4	300	845 000
5	270	777 500
6	260	744 800
7	280	815 600
8	290	832 300
9	310	845 600
10	260	758 500

要求：用高低点法对甲零件进行成本性态分析。

第一单元　成本性态分析

A 公司设备维修费的分解

A 公司的主营业务是零配件加工,由于该公司没有及时更新机器设备,采用旧的机器设备进行零配件的加工,所以要定期对机器设备进行维修。A 公司的设备维修费属于混合成本,2017 年该公司各月份的实际资料如表 1-5 所示。

表 1-5 2017 年 A 公司各月份的实际资料

月份	机器工时/小时	设备维修费/万元
1	1800	600
2	1600	500
3	1800	580
4	2000	620
5	2400	680
6	2800	800
7	2200	640
8	2200	660
9	2600	700
10	1600	520
11	1200	400
12	1400	440

要求:用回归直线法对该公司的设备维修费进行分解。

第一单元　成本性态分析

第二单元　变动成本法

一、实训目的

本单元由变动成本法的定义、变动成本法与完全成本法的区别以及变动成本法的优缺点等内容组成。通过本单元的实训，学生能理解变动成本法的概念和知识点，熟练掌握变动成本法的相关计算。

二、知识回顾

（一）变动成本法与完全成本法的概念

1. 变动成本法的概念

变动成本法也称直接成本法、边际成本法，是指在产品成本计算过程中，以成本性态分析为前提，只将变动生产成本作为产品成本的构成内容，而将固定生产成本及非生产成本作为期间成本，按贡献式损益确定程序计量损益的一种成本计算模式。在此方法下，产品成本只包括直接材料、直接人工和变动制造费用，即变动生产成本，变动生产成本随生产量的变化呈正比例变化。

2. 完全成本法的概念

完全成本法是指在成本计算过程中，以成本按其经济用途分类为前提条件，将全部生产成本作为产品成本的构成内容，只将非生产成本作为期间成本，并按传统式损益确定程序计量损益的一种成本计算模式。

（二）变动成本法与完全成本法的区别

变动成本法与完全成本法的区别见表 2-1。

表 2-1　变动成本法与完全成本法的区别

	变动成本法	完全成本法
成本基本区分	变动成本与固定成本	制造成本与非制造成本
产品成本内容	制造成本中的变动部分，包括直接材料、直接人工和变动制造费用	全部制造成本（包括固定制造成本和变动制造成本）
期间费用的内容	制造成本中的固定成本（固定制造费用）和全部非制造成本	全部非制造成本（管理费用、销售费用、财务费用）

续表

	变动成本法	完全成本法
存货估价	在产品和产成品存货中只有变动制造成本，存货计价低于完全成本法	在产品和产成品存货中既有变动制造成本，也有固定生产成本

（三）变动成本法的优缺点

1. 变动成本法的优点

（1）变动成本法能够揭示利润和业务量之间的正常关系，有利于促使企业重视销售工作。

（2）变动成本法可以提供有用的成本信息，便于科学的成本分析和成本控制。

（3）变动成本法提供的成本和收益资料，便于企业进行短期经营决策。

（4）采用变动成本法可以简化成本核算工作。

2. 变动成本法的缺点

（1）变动成本法所计算出来的单位产品成本，不符合传统的成本观念的要求。

（2）变动成本法不能适应长期决策的需要。

三、案例示范及引导

A 公司招聘谁为财务主管？

A 公司是一家生产机器设备的企业，经济效益非常不错。随着经营规模的不断扩大及市场占有率的不断提高，为了进一步提高内部管理水平，公司需要招聘一批懂管理会经营的专业人才，其中财务部需要招聘一名财务主管。经过筛选简历，公司通知张三和李四两人前去公司进行面试，主考官是公司精通财务工作的副总经理。副总经理现场向两名应聘者提出了两个问题。两个问题如下：

（1）假定公司准备拟投入一种新设备的生产，该新设备的情况如表 2-2 所示。

表 2-2　新设备的相关资料

业务量/件		成本资料/元	
本年投产完工量	30 000	直接材料	600 000
本年销售量	20 000	直接人工	600 000
期末存货量	10 000	制造费用	（变动：150 000；固定：300 000）
销售单价	100 元/件	销售及管理费用	（变动：20 000；固定：40 000）

要求张三和李四两个应聘者各做一份关于该设备的利润表。

（2）如果想大幅度提高公司的利润，你作为财务部门的主管人员，应提供什么样的建议？

结果张三和李四分别给出了不同的方案。张三提供的报表是用完全成本法编制的。他提出的建议是在现有的基础上再扩大生产，大幅度增加产量，从而降低产品成本，增加企业盈利。李四提供的报表是按变动成本法编制的，他提出的建议是积极扩展市场，扩大产品销售，从而达到增加利润的目的。主考官副总经理看了他们的报表和建议后，当即就确定了财务主管的人选。

要求：

（1）请你根据以上案例资料分别编制出张三和李四两人关于该种设备的利润表。

（2）张三和李四两人的利润表的结果是否相同？如有差异，请你分析形成差异的原因。

（3）你认为张三和李四两人提供的建议，谁的更合适？

（4）根据你的分析，你认为公司录用了谁为财务主管？

【案例分析】

（1）根据案例资料编制张三和李四的利润表（见表2-3和表2-4）。

表2-3 利润表：张三（传统式）　　　　　　　单位：元

销售收入	2 000 000
销货成本	
期初存货成本	0
本期生产成本	1 650 000
期末存货成本	550 000
合计	1 100 000
销售毛利	900 000
变动销售及管理费用	20 000
固定销售及管理费用	40 000
营业利润	840 000

完全成本法下的单位产品成本=（600 000+600 000+150 000+300 000）/30 000=55（元）

表2-4 利润表：李四（贡献式）　　　　　　　单位：元

销售收入	2 000 000
变动成本	
变动生产成本	900 000
变动销售及管理费用	20 000
合计	920 000

续表

边际贡献	1 080 000
期间成本	
固定制造费用	300 000
固定销售及管理费用	40 000
营业利润	740 000

变动成本法下的单位产品成本=（600 000+600 000+150 000）/30 000=45（元）

（2）这两个报表所反映的营业利润不同，其差异为100 000元（840 000-740 000）。其原因是这两种成本法对固定制造费用的处理方式不同。在变动成本法下，固定制造费用300 000元被作为期间成本，直接从当期收入中全额扣除。而在完全成本法下，固定制造费用作为产品成本的组成部分，随存货流转，期末存货包含的100 000元（10 000×300 000/30 000）固定制造费用转入下期，因而当期销售成本减少了100 000元，当期利润则相应增加了100 000元。

（3）李四的建议更合适。张三和李四两人的建议本质上是要求决策者在生产销售过程中重视生产，还是重视销售的问题。张三提出的建议是在完全成本法的基础上让决策者重视生产，认为只要生产扩大了，单位产品的成本就会降低，即使销售不增加，也能增加企业利润。这正是完全成本法最大的缺点，最终会导致产品积压，资金周转困难。李四所提出的建议是在变动成本法的基础上让决策者更重视销售，只要销售单价、成本水平等因素不变，利润与销售量就会同方向变动，产量的高低对利润没有直接影响。所以，变动成本法更能反映企业的真实业绩，即李四的建议更合适。

（4）由以上的分析可以看出，公司录用的应该是李四。

A公司甲产品成本计算

A公司是一家产品生产加工企业，2016年全年只产销甲产品，其产销量及有关成本资料如表2-5所示。

表2-5　A公司产销量及有关成本资料

产销资料		成本资料			
本年生产量/件	10 000	直接材料/元		40 000	
期初存货量/件	0	直接人工/元		30 000	
本年销售量/件	8000	制造费用/元	80 000	变动制造费用/元	40 000
				固定制造费用/元	40 000
期末存货量/件	2000	销售费用/元	10 000	变动销售费用/元	4000
				固定销售费用/元	6000
单价/（元/件）	25	管理费用/元	10 000	变动管理费用/元	4000
				固定管理费用/元	6000

要求：

（1）根据资料分别计算在两种不同的成本计算方法下的产品成本。

（2）编制两种成本计算方法计价的产成品存货计算单。

（3）分别采用变动成本法和完全成本法来计算损益。

（4）分别按完全成本法、变动成本法编制利润表。

【案例分析】

（1）根据上述资料，分别对产品成本进行计算并编制产品成本计算单（见表2-6）。

表2-6　A公司产品成本计算单　　　　　　　　　单位：元

成本项目	变动成本法		完全成本法	
	总成本	单位成本	总成本	单位成本
直接材料	40 000	4	40 000	4
直接人工	30 000	3	30 000	3
变动制造费用	40 000	4	40 000	4
变动生产成本	110 000	11		
固定制造费用			40 000	4
产品成本	110 000	11	150 000	15

从表2-6的计算结果可以看出，A公司如采用变动成本法，其单位产品成本为11元；若采用完全成本法，其单位产品成本为15元。

（2）分别以两种成本计算方法计价的产成品存货计算单（见表2-7）。

表2-7　期末存货计算单

摘要	变动成本法	完全成本法
单位产品成本/元	11	15
期末存货数量/件	2000	2000
期末存货成本/元	22 000	30 000

（3）现分别采用变动成本法和完全成本法计算损益。

① 按完全成本法计算。

　　销售毛利=销售收入-已售产品的生产成本

　　　　　=25×8000-15×8000

　　　　　=80 000（元）

　　税前利润=销售毛利-期间费用

　　　　　=80 000-（10 000+10 000）

　　　　　=60 000（元）

② 按变动成本法计算。

贡献毛益=销售收入-变动成本
=25×8000-（11×8000+4000+4000）
=104 000（元）

税前利润=贡献毛益-固定成本
=104 000-（40 000+6000+6000）
=52 000（元）

（4）按完全成本法编制职能式利润表（见表 2-8），按变动成本法编制贡献式利润表（见表2-9）。

表2-8 A 公司 2016 年度职能式利润表　　　　　单位：元

摘要	金额
销售收入（25×8000）	200 000
销售成本：	
期初存货成本	0
本期生产成本	150 000
可供销售的生产成本	150 000
减：期末存货成本	30 000
销售成本总额	120 000
销售毛利	80 000
减：期间费用	
销售费用	10 000
管理费用	10 000
期间费用总额	20 000
税前利润	60 000

表2-9 A 公司 2016 年度贡献式利润表　　　　　单位：元

摘要	金额
销售收入（25×8000）	200 000
变动成本：	
变动生产成本（按销量计算）	88 000
变动销售费用	4000
变动管理费用	4000
变动成本总额	96 000
贡献毛益	104 000
减：固定成本	

续表

摘要	金额	
固定制造费用	40 000	
固定销售费用	6000	
固定管理费用	6000	
固定成本总额		52 000
税前利润		52 000

四、案例实训演练

A 企业甲产品成本计算

A 企业是一家机床加工企业，该企业只产销一种甲机床。2016 年 7 月和 8 月，有关甲机床的资料如表 2-10 所示。

表 2-10　2016 年甲产品相关情况

月份	7	8
期初存货量/台	0	40 000
本期生产量/台	200 000	160 000
本期销售量/台	160 000	180 000
期末存货量/台	40 000	20 000

该产品销售单价 100 元，单位变动生产成本 35 元，单位变动销售管理费用 5 元，每年固定制造费用 4 000 000 元，每年固定销售管理费用 400 000 元，存货计价采用先进先出法。

要求：

（1）采用完全成本法和变动成本法分别计算 A 企业每月单位产品成本和期间成本。

（2）采用完全成本法和变动成本法分别计算 A 企业每月销货成本和期末存货成本。

（3）采用完全成本法和变动成本法分别计算 A 企业每月营业利润。

（4）说明采用变动成本法计算营业利润的优点。

第二单元　变动成本法

编制 A 企业三年的利润表

A 企业是一家儿童玩具生产企业,假定 A 企业最近三年只产销一种甲玩具,其有关资料如表 2-11 所示。

表 2-11 甲玩具产销情况　　　　　　　　　　金额单位:元

摘要	第 1 年	第 2 年	第 3 年
期初存货量/件	0	0	4000
当年生产量/件	12 000	16 000	8000
当年销售量/件	12 000	12 000	12 000
期末存货量/件	0	4000	0

基本资料	完全成本法				变动成本法			
单价:10 元/件	年度	第 1 年	第 2 年	第 3 年	年度	第 1 年	第 2 年	第 3 年
生产成本:	单位变动生产成本	4	4	4	单位变动生产成本	4	4	4
单位变动生产成本:4								
固定生产成本:48 000	单位固定生产成本	4	3	6				
销售及管理费用:								
变动费用:0	单位生产成本	8	7	10	单位生产成本	4	4	4
固定费用:12 000								

要求:根据上述有关 A 企业甲玩具的资料,分别按完全成本法和变动成本法两种成本计算方法编制 A 企业三年的利润表。

第三单元　本量利分析

一、实训目的

本单元由本量利分析的定义、基本公式等内容组成。通过本单元的实训,学生能够理解本量利分析的概念和基本计算公式,熟练掌握保本点、边际贡献指标、目标利润下的销售量和销售额的计算方法,并能够运用利润性敏感分析方法分析企业经营管理中的问题。

二、知识回顾

(一)本量利分析的基本含义

本量利分析是成本、业务量、利润关系分析的简称。它是在成本性态分析和变动成本计算法的基础上,以数学化的会计模型与图式来揭示固定成本、变动成本、销售量、单价、销售额、利润等变量之间的内在规律性联系,为会计预测、决策和规划提供必要的财务信息的一种定量分析方法。

(二)本量利分析的基本公式

本量利分析所考虑的相关因素主要包括固定成本(用 a 表示)、单位变动成本(用 b 表示)、销售量(用 x 表示)、销售单价(用 p 表示)、销售收入(用 px 表示)和营业利润(用 m 表示)等。这些变量之间的关系可用下式表示:

利润=销售收入-总成本
　　=销售收入-变动成本-固定成本
　　=销售单价×销售量-单位变动成本×销售量-固定成本
　　=(销售单价-单位变动成本)×销售量-固定成本

即　　　　$m = px - (a + bx)$
　　　　　　$= px - bx - a$
　　　　　　$= (p - b)x - a$

由于本量利分析的数学模型是在上述公式的基础上建立起来的,故可将上式称为本量利分析的基本方程式。

本量利分析的基本方程式含有相互联系的利润、销售量、销售单价、变动成本和固定成本这五个变量,如给定其中四个,则可求得另一变量的值。

(三) 与本量利分析相关的指标

1. 边际贡献

边际贡献是指产品销售收入总额减去变动成本总额后的差额。边际贡献有两种表现形式：一是边际贡献总额（tcm），也就是产品销售收入总额减去变动成本总额后的差额。二是单位边际贡献（cm），也就是每种产品的销售单价减去各该产品单位变动成本后的差额，也可用边际贡献总额除以销售量求得。其计算公式为：

$$边际贡献总额 = 销售收入 - 变动成本$$
$$= (销售单价 - 单位变动成本) \times 销售量$$
$$= 单位边际贡献 \times 销售量$$
$$= 销售收入 \times 边际贡献率$$

即
$$tcm = px - bx$$
$$= (p-b)x$$
$$= cm \cdot x$$
$$= px \cdot cmr$$

$$单位边际贡献 = 销售单价 - 单位变动成本$$
$$= 边际贡献 / 销售量$$
$$= 销售单价 \times 边际贡献率$$

即
$$cm = p - b$$
$$= tcm / x$$
$$= p \cdot cmr$$

2. 边际贡献率

边际贡献率（cmr）是指边际贡献总额占销售收入总额的百分比,也等于单位边际贡献占销售单价的百分比。计算公式为：

$$边际贡献率 = 边际贡献 / 销售收入 \times 100\%$$
$$= 单位边际贡献 / 销售单价 \times 100\%$$

即
$$cmr = tcm / px \times 100\%$$
$$= cm / p \times 100\%$$

3. 边际贡献的其他相关公式

根据本量利基本公式,利用边际贡献、固定成本及利润三者之间的关系,可以推导出下列公式：

$$利润 = 边际贡献 - 固定成本$$

即 $m=tcm-a$

边际贡献率=1-变动成本率

即 $cmr=1-br$

可见，边际贡献率与变动成本率存在互补关系，变动成本率高的企业，则其边际贡献率低，说明企业创利能力弱；反之，变动成本率低的企业，则边际贡献率高，说明企业创利能力强。

（四）保本点

保本点是指企业经营处于不盈利、不亏损的状态。企业的销售收入扣减变动成本以后得到的贡献毛益首先要用以补偿固定成本，如有余额则企业盈利，如补偿不足则企业亏损。贡献毛益刚好等于固定成本则企业处于不盈不亏的保本状态，此时的销售量或销售额即为保本销售量或保本销售额。

1. 单一品种条件下的保本点

单一品种的保本点有两种表现形式：保本点销售量和保本点销售额。其计算公式为：

保本量=固定成本/（单价-单位变动成本）

＝固定成本/单位贡献毛益

保本额=单价×保本量

＝固定成本/贡献毛益率

2. 多品种条件下的加权平均法

多品种条件下的加权平均法是指在掌握每种产品本身的边际贡献率的基础上，按各种产品销售额的比重进行加权平均，据以计算综合边际贡献率，进而计算多品种保本额和保利额的一种方法。

三、案例示范及引导

A 企业应选择哪个方案？

A 企业是一家生产加工企业，该企业全年只生产一种产品：甲产品。假设甲产品产销平衡。2016 年甲产品的相关资料如下：预计 2016 年的产销量为 54 000 件，单位售价为 2 元，单位变动成本为 1.5 元，计划期固定成本为 20 000 元。A 企业为了优化营销，要求相关负责人员提出优化方案。经理王×和副经理李×各提供了一个对现有营销方案进行优化的措施，具体方案措施分别为：

王×提出的方案：假设企业的生产能力还有剩余，能增加产量，可以采取薄利多销的措施。经研究决定甲产品的单价降低 5%，可使销售量增加 12.5%。

李×提出的方案：甲产品的单价由原来的 2 元提高到 2.5 元，但为了使产品预期的销售量能顺利销售出去，全年需要增加广告费支出为 4000 元。

要求：

（1）针对王×提出的方案，降低售价的同时增加销售量，计算下列指标：

① 盈亏临界点的销售量；

② 实现原来目标利润所需的销售量；

③ 如果完成预计降价后的销售量，可比原定目标增加多少利润？

（2）针对李×提出的方案，提高单价的同时增加广告费，计算下列指标：

① 盈亏临界点的销售量；

② 实现原来目标利润所需的销售量；

③ 如果此时能完成原来预计的销售量，可比原定目标增加多少利润？

（3）A 企业应该采用王×的方案还是李×的方案？

【案例分析】

（1）针对王×提出的方案，采取措施前盈亏临界点的销售量=20 000/（2-1.5）=40 000（件）。

采取措施前的目标利润=安全边际量×单位边际贡献=（54 000-40 000）×（2-1.5）=7000（元）。

① 盈亏临界点的销售量=20 000/[2×（1-5%）-1.5]=50 000（件）。

② 实现原来目标利润所需的销售量=（20 000+7 000）/[2×（1-5%）-1.5]=67 500（件）。

③ 如果完成预计降价后的销售量，可比原定目标多实现利润=[54 000×（1+12.5%）-67 500]×[2×（1-5%）-1.5]=-2700（元）。

（2）针对李×提出的方案，采取措施前盈亏临界点的销售量=20 000/（2-1.5）=40 000（件）。

采取措施前的目标利润=安全边际量×单位边际贡献=（54 000-40 000）×（2-1.5）=7000（元）。

① 盈亏临界点的销售量=（20 000+4000）/（2.5-1.5）=24 000（件）。

② 实现原来目标利润所需的销售量=（20 000+4000+7000）/（2.5-1.5）=31 000（件）。

③ 如果此时能完成原来预计的销售量，可比原定目标多实现利润=（54 000-31 000]×（2.5-1.5）=23 000（元）。

（3）通过比较王×和李×的方案可知，李×的方案较好，所以 A 企业应选择李×的方案。

A 公司多产品的保本分析

A 公司是一家生产机器设备的大型生产加工公司，公司生产甲、乙、丙三种机器设备，其固定成本总额为 3960 万元，甲、乙、丙三种产品的有关资料如表 3-1 所示。

表 3-1 甲、乙、丙产品的相关资料

机器设备	甲机器设备	乙机器设备	丙机器设备
销售单价/万元	400	100	200
销售数量/万台	120	60	130
单位变动成本/万元	320	60	140

要求：

（1）采用加权平均法计算 A 公司的综合保本销售额及各产品的保本销售量；

（2）计算 A 公司的营业利润。

【案例分析】

（1）整理甲、乙、丙产品的相关资料（见表 3-2）。

表 3-2 甲、乙、丙产品相关资料

品种	甲机器设备	乙机器设备	丙机器设备	合计
销售量/万台	120	60	130	—
单价/万元	400	100	200	—
单位变动成本/万元	320	60	140	—
销售收入/万元	48 000	6000	26 000	80 000
单位边际贡献/万元	80	40	60	—
贡献边际率/%	20	40	30	—
固定成本/万元	—	—	—	3960

计算销售比重：

甲机器设备：48 000/80 000=60%

乙机器设备：6000/80 000=7.5%

丙机器设备：26 000/80 000=32.5%

所以，甲、乙、丙机器设备的销售比重分别为 60%、7.5% 和 32.5%。

综合边际贡献率=60%×20%+7.5%×40%+32.5%×30%=24.75%

综合保本额=3960/24.75%=16 000（万元）

甲机器设备的保本量=16 000×60%/400=24（万台）

乙机器设备的保本量=16 000×7.5%/100=12（万台）

丙机器设备的保本量=16 000×32.5%/200=26（万台）

（2）A 公司的营业利润=（400-320）×120+（100-60）×60+（200-140）×130-3960

=15 840（万元）

四、案例实训演练

机器设备生产加工企业的本量利分析

A 企业是一家机器设备生产加工企业,该企业生产甲机器设备,销售单价为 200 万元,单位变动成本为 120 万元,每月固定成本为 24 000 万元。

要求:

(1)本月计划销售量为 600 台,计算预期利润。

(2)该企业计划实现利润 30 000 万元,应销售多少件产品?

(3)假设计划销售量为 600 台,且要实现利润 30 000 万元,销售单价应为多少?

(4)假设计划销售量为 600 台,且要实现利润 30 000 万元,单位变动成本应为多少?

(5)假设计划销售量为 600 台,且要实现利润 30 000 万元,固定成本应为多少?

玩具批发公司的本量利分析

A 公司是一家玩具批发供应公司，该公司与独立的销售代理商签订协议，销售其玩具产品。代理商目前接受的佣金为销售的 20%，但他们现要求将佣金提高到结束于 12 月 31 日的 2016 年度销售的 25%。在得知代理商提高佣金的要求之前，A 公司总会计师早已编制好 2016 年度的预算，如表 3-3 所示。假定 A 公司的销货成本全是变动成本。

表 3-3　玩具批发公司预算利润表　　　　　　　　单位：元

销售收入	30 000 000
销售成本	18 000 000
毛利总额	12 000 000
销售与管理费用：	
佣金	6 000 000
所有其他费用（固定）	300 000
税前利润	5 700 000
所得税（30%）	1 710 000
净利润	3 990 000

A 公司准备雇佣专职销售人员，预计需要 3 名销售人员，每个销售人员的年工资为 90 000 元，以及外加销售的 5%的佣金。另外，A 公司还预计雇佣一名销售经理，其每年固定工资为 480 000 元。所有其他固定费用以及变动成本百分比将与 2016 年度预计利润表中的估计数保持一致。

要求：

（1）在总会计师所编制的预算利润表的基础上，计算结束于 12 月 31 日的 2016 年度 A 玩具批发公司估计的损益平衡时的销售额。

（2）如果 A 玩具批发公司雇佣自己的销售人员，计算结束于 12 月 31 日的 2016 年度 A 玩具批发公司估计的损益平衡时的销售额。

（3）如果 A 玩具批发公司继续使用独立的销售代理商，并答应其销售的 25%的佣金要求，请计算为获得与预算利润表中一样的净利润，所要求的在 12 月 31 日的 2016 年度的销售额。

第四单元　经营预测

一、实训目的

通过本单元的实训，学生能够理解预测分析的意义，了解预测分析的方法和程序，明确预测分析包含的内容，重点掌握销售预测、成本预测、利润预测和资金预测所使用的方法及每种方法的具体运用。同时，本单元的实训意在提高学生运用理论知识分析解决实际问题的能力。

二、知识回顾

（一）经营预测

1. 经营预测概述

经营预测是指根据企业现有的经济条件和掌握的历史资料以及客观事物的内在联系，对企业生产经营活动的未来发展趋势及其状况所进行的预计和推算。经营预测是企业制定发展规划和进行决策的依据，企业必须在准确的经营预测的基础上进一步进行决策和规划。经营预测的内容主要包括销售预测、利润预测、成本预测和资金预测等。

2. 经营预测的基本原则

（1）延续性原则。

延续性原则是指企业经营活动中，过去和现在的某种发展规律将会延续下去，并假设决定过去和现在发展的条件，同样适用于未来。

（2）相关性原则。

相关性原则是指企业经营活动过程中一些经济变量之间存在着相互依存、相互制约的关系。

（3）相似性原则。

相似性原则是指企业在经营活动过程中不同的（一般是无关的）经济变量所遵循的发展规律有时会出现相似的情况。

（4）统计规律性原则。

统计规律性原则是指企业在经营活动过程中对于某个经济变量所做出的一次观测结果，往往是随机的，但多次观测的结果，却会出现具有某种统计规律性的情况。

（二）销售预测

1. 销售预测的定义

销售预测是借助于历史销售资料以及未来影响市场需求的变化情况，对未来一定时期内的销售量、销售状态及其变化发展趋势所做的定量描述。销售预测是企业进行生产经营活动的起点，做好销售预测，对于改善企业生产经营、提高经济效益具有十分重要的作用。

2. 销售预测的方法

销售预测所采用的技术方法很多，最常用的有判断法、市场调查法、趋势预测法、回归直线法等，现分别加以说明。

（1）判断法。

判断法是指由熟悉市场及其未来变化的专家和有关生产销售人员，根据经验和综合能力，对销售趋势做出判断的一种方法。根据判断主体的不同，判断法可分为主观判断法和客观判断法。

① 主观判断法。主观判断法又称意见汇集法，是指由本企业熟悉销售业务、能预见市场未来发展趋势的主管人员和业务人员集思广益，最后对各种不同意见进行综合评价后做出判断的一种方法。这种方法耗费较少，时间较短，在市场发生新变化的情况下，也便于对原预测进行修正，它不失为一种比较实用的销售预测方法。

② 客观判断法。客观判断法是指由企业以外的专家和有关人员对企业销售情况及其趋势做出判断的一种方法。客观判断法又可分为专家调查法和专家小组法两种。专家调查法又称特尔菲法，采用这种方法是向见识广博、学有专长的专门人才，以及其他专家等征询意见。专家小组法是指将专家分成小组，运用专家们的集体智慧进行判断。

（2）市场调查法。

市场调查法是指根据对某种产品在市场上供需情况变化的详细调查，预测其销售量的一种专门方法。销售预测常可通过对市场的详细调查来进行。市场调查的基本内容，主要有以下几个方面：① 对产品的调查；② 对消费者的调查；③ 对竞争状况的调查；④ 对经济发展趋势的调查。在对上述四个方面进行调查的基础上，再对调查资料进行综合、整理、加工、计算，就可对产品的销售做出初步的预测。

（3）趋势预测法。

趋势预测法是运用事物发展的连续性原理来预测事物发展趋势的一种方法。采用这种方法主要是把企业过去的销售历史资料按时间顺序排列，然后运用一定的计算方法来推测未来的销售变化趋势。趋势预测法根据采用的具体数学方法的不同，又可分为简单平均法、移动平均法、加权平均法、指数平滑法。

① 简单平均法。简单平均法是指以过去若干时期的销售量或销售额的简单算术平

均数，作为计划期的销售预测数的一种方法。其计算公式为：

$$\text{计划期销售预测数}(x) = \frac{\text{历史各期销售量（销售额）之和}}{\text{计划期期数}} = \frac{\sum x}{n}$$

② 移动平均法。移动平均法是指根据某产品过去若干期的实际数值，按一定时期不断往后移动，求其平均数，作为计划期的销售预测数的一种方法。这里，所谓的"移动"，是指所取的观察值应随时间的推移而顺延。如：以取3年的观察值为例，预测2014年的销售额时，以2011年、2012年、2013年的历史资料为依据；预测2015年的销售额时，则以2012年、2013年、2014年的历史资料为依据，以此类推。移动平均法的计算公式为：

$$x = \frac{\sum x}{n}$$

③ 加权平均法。加权平均法是指在平均法的基础上，按照距计划期的远近分别给予不同的权数，然后计算其加权平均数，并据以作为计划期的销售预测数的一种方法。其加权的原则是距计划期越近，权数越大；反之，则权数越小。从理论上讲，只要符合这一趋势的数列都可作为权数，但为了计算方便，一般可令权数（w）之和等于1，即$\sum w = 1$。例如，取3年的观察值时，其权数按距离计划期的远近可分别为0.1、0.3、0.6；取5期的观察值，则远近权数可分别为0.03、0.07、0.15、0.25、0.5。加权平均值的计算公式为：

$$x = \sum (\text{某期销售额} \times \text{该期销售额所赋予的权数})$$

④ 指数平滑法。指数平滑法也称指数移动平均法，它是利用加权因子（即平滑系数）对过去不同期间的实际销售量进行加权计算，以显示远期和近期实际销售量对未来期间销售量预测值的不同影响作用的一种销售量预测方法。

采用指数平滑法预测时，首先由远而近地按照一定的平滑系数计算各期的平滑值；然后直接以最后一期的平滑值作为下一期的预测值，或在进行趋势修正的基础上确定预测值。指数平滑预测值的计算公式为：

$$F_t = \alpha A_{t-1} + (1-\alpha) F_{t-1}$$

式中，A_{t-1}为基期实际销售量；F_{t-1}为基期销售量预测值；A为平滑系数；F_t为预测期预测值。

在用指数平滑法预测销售量时，平滑系数值通常由预测者根据过去销售实际值与预测值之间差异的大小而定，一般在0与1之间，即$0 < \alpha < 1$。平滑系数α值的大小，说明不同期间的实际销售量对销售预测值具有不同的影响。在实际工作中，通常取较小值，即在0.1至0.3之间，也可取较大值。

在运用指数平滑法预测销售量时，若预测值同实际值之间的差距较大，可适当增大平滑系数a的值，以相应提高近期实际销售量对预测值的影响作用；反之，则应适当缩小平滑系数a的值。

（4）回归直线法。

回归直线法又称直线趋势法或最小平方法，是根据某一时间数列的历史数据，利用数学模型，求出一条反映该时间数列变动趋势的直线，使此趋势线上的各点到实际线上的各对应点之间的偏差平方和最小，然后在所求趋势线的延长线上确定该时间数列未来发展的预测值的一种方法。

回归直线法是直接将时间视为自变量，利用预测对象（因变量）随时间变化而变化的数量关系建立直线趋势方程 $y=a+bx$，并依此确定销售预测值。直线趋势方程 $y=a+bx$ 中，y 表示销售量的预测值；x 表示预测期序列；a 表示常数（截距）；b 表示未来时期内 y 的变化率（斜率）。利用最小平方法，可以求得标准方程组，从而得到 a、b 的值。

$$a = \frac{\sum y - \sum bx}{n}$$

$$b = \frac{n\sum xy - \sum x \sum y}{n\sum x^2 - (\sum x)^2}$$

（三）成本预测

1. 成本预测的定义

成本预测是指根据企业现有的经济、技术条件和今后的发展前景，以及市场供求状况，通过对影响成本的有关因素的分析、测算，科学地测定企业未来一定时期的成本水平和变动趋势。成本预测可以动用企业内部一切潜力，用最少的人力、物力和财力资源来完成既定目标。它对于提高企业经营管理水平、降低产品成本、增加经济效益，具有十分重要的现实意义。

2. 成本预测的方法

成本预测按所分析产品的不同分类，可分为可比产品成本预测和不可比产品成本预测。可比产品成本预测一般采用高低点法、回归直线法等方法；不可比产品成本预测一般采用技术测定法、类比分析法、目标成本法等方法。成本预测时可以根据产品的不同类别采用合适的方法。

（1）可比产品成本预测。

可比产品是指企业以前年度正式生产过的产品，其过去的成本资料比较齐备和稳定。对可比产品的成本进行预测，通常都是根据本企业已经掌握的产品成本的资料，按照成本习性的原理，建立总成本模型 $y=a+bx$（其中，a 表示固定成本总额，b 表示单位变动成本），然后利用销售量的预测值 x，预测出未来的总成本和单位成本水平。常用的方法有高低点法、回归直线法等。

① 高低点法。

它是指以过去一定时期内的最高业务量和最低业务量的成本之差除以最高与最低

业务量之差，计算出单位变动成本 b，然后计算出固定成本 a，并据此推算出计划期内一定产量条件下的总成本和单位成本的一种方法。其基本步骤如下：

第一，确定业务量最高点和最低点。

第二，根据总成本模型 $y=a+bx$ 列出一个二元一次方程组。

$$\begin{cases} y_{高} = a + bx_{高} \\ y_{低} = a + bx_{低} \end{cases}$$

第三，根据方程组，求出 a、b。

$$b = \frac{y_{高} - y_{低}}{x_{高} - x_{低}}$$

$$a = y_{高} - bx_{高}$$

② 回归直线法。

回归直线法是应用数学中最小平均法的原理预测成本。其基本公式为：

$$y = a + bx$$

$$a = \frac{\sum y - \sum bx}{n}$$

$$b = \frac{n\sum xy - \sum x \sum y}{n\sum x^2 - (\sum x)^2}$$

（2）不可比产品成本预测法。

不可比产品是指企业过去没有正式生产过的产品，其成本无法进行比较，所以不能采用像可比产品一样的方法来进行成本预测。但是，企业可以采用技术测定法、类比分析法和目标成本法等对不可比产品成本计划指标进行预测。

① 技术测定法。

它是指在充分挖掘潜力的基础上，根据产品设计结构、生产技术和工艺方法，对影响人力、物力消耗的各个因素逐个进行技术测试和分析计算，从而确定产品成本的一种方法。该方法比较科学，预测比较准确，但由于要逐项测试，所以工作量比较大，一般适用于品种少、技术资料比较齐全的产品。

② 类比分析法。

它是指以国内外同类产品为基础，结合企业自身条件，进行对比分析，从而预测产品成本的一种方法。采用该方法预测时，应特别注意，在条件不可比或情况有变化时，必须对国内外同类产品成本做出调整或修正。该方法简单易行，工作量小，但预测结果不太准确。

③ 目标成本法。

它是指根据收入、成本和利润三者之间的内在关系，先确定出目标成本，再预测产品成本的一种方法。在企业实行目标管理的过程中，先确定产品单位售价和单位利润，然后就可以计算出产品的目标成本。

单位产品目标成本=单价-单位产品税金及附加-单位产品目标利润

采用该办法,关键在于通过市场调查,确定一个合适的销售价格和目标利润。该方法比较简单易行,但如果市场调查有偏差,则预测结果将受到很大影响。

(四) 利润预测

1. 利润预测的定义

利润预测是企业确定计划期目标并选择实现目标利润最佳途径的过程,它是企业编制期间预算的基础,也是财务预测的基本内容。利润预测的具体方法很多,这里只介绍利用本量利分析预测企业利润的原理和操作方法。

2. 利用本量利分析法预测目标利润的计算公式

利用本量利分析法预测目标利润的计算公式为:

$$利润预测值=销售收入预测值-变动成本-固定成本$$
$$=(单价-单位变动成本)×预计销售量-固定成本$$
$$=单位边际贡献×预计销售量-固定成本$$
$$=边际贡献总额-固定成本$$
$$=销售收入预测值×边际贡献率-固定成本$$
$$=销售收入预测值×(1-变动成本率)-固定成本$$

$$利润预测值=(销售收入预测值-盈亏临界点销售收入)-$$
$$(销售收入预测值-盈亏临界点销售收入)×变动成本率$$
$$=(销售收入预测值-盈亏临界点销售收入)×(1-变动成本率)$$
$$=(销售收入预测值-盈亏临界点销售收入)×边际贡献率$$

3. 预测实现目标利润必须达到的经济指标

目标利润的计算公式为:

$$目标利润=销售数量×销售价格-销售数量×单位变动成本-固定成本$$

可知,影响企业利润的主要经济指标有产品销售数量、销售价格、固定成本、单位变动成本等。预测实现目标利润必须达到的经济指标,实际上就是已知目标利润和其中三个经济指标然后求另外一个经济指标的问题。

(五) 资金需要量预测

1. 资金需要量预测的定义

资金需要量预测是指企业根据生产经营的需求,对未来所需资金的估计和推测。它是企业制订融资计划的基础。资金需要量预测有助于改善企业的投资决策,既能保证筹集的资金满足生产经营的需要,又不会出现资金多余而闲置的情况。

2. 资金需要量预测的方法

资金需要量预测的方法主要包括因素分析法、销售百分比法和资金习性预测法等。

（1）因素分析法。

因素分析法又称分析调整法，是以有关项目基期年度的平均资金需要量为基础，根据预测年度的生产经营任务和资金周转加速的要求，进行分析调整，来预测资金需要量的一种方法。这种方法计算简便，容易掌握，但预测结果不太准确。它通常用于品种繁多、规格复杂、资金需要量较小的项目。因素分析法的计算公式如下：

资金需要量=（基期资金平均占用额-不合理资金占用额）×
（1±预测期销售增减率）×（1±预测期资金周转速度变动率）

例如，A公司上年度资金平均占用额为3400万元，经分析，其中不合理部分400万元，预计本年度销售增长率为6%，资金周转速度变动率为2%，则：

预测年度资金需要量=（3400-400）×（1+6%）×（1-2%）=3116.4（万元）

（2）销售百分比法。

销售百分比法是根据销售增长与资产、负债和留存收益增长之间的关系，预测未来资金需要量的一种方法。销售百分比法将反映生产经营规模的销售因素与反映资金占用的资产因素联结起来，根据销售与资产之间的数量比例关系，来预计企业的外部筹资需要量。

销售百分比法的优点是，为筹资管理提供短期预计的财务报表，以适应外部筹资的需要，且易于使用。但在有关因素发生变动的情况下，必须相应地调整原有的销售百分比。

（3）资金习性预测法。

资金习性预测法，是指根据资金习性预测未来资金需要量的一种方法。所谓资金习性是指资金的变动同产销量变动之间的依存关系。资金习性预测法一般需根据历史上企业资金占用总额与产销量之间的关系，把资金分为不变和变动两部分，然后结合预计的销售量来预测资金需要量。

设产销量为自变量 x，资金占用为因变量 y，它们之间关系可用下式表示：

$$y=a+bx$$

式中，a 为不变资金；b 为单位产销量所需变动资金。

可见，只要求出 a 和 b，并知道预测期的产销量，就可以用上述公式测算资金需求情况。a 和 b 可用高低点法或回归直线法求出。

① 高低点法。

高低点法是指根据企业一定期间资金占用的历史资料，按照资金习性原理和 $y=a+bx$ 直线方程式，选用最高收入期和最低收入期的资金占用量之差，同这两个收入期的销售收入进行对比，先求 b 的值，然后再代入原直线方程，求出 a 的值，从而估计资金需要量的一种方法。相关计算公式如下：

$$b=\frac{最高收入期的资金占用量-最低收入期的资金占用量}{最高销售收入-最低销售收入}$$

a=最高收入期的资金占用量$-b×$最高销售收入

=最低收入期的资金占用量$-b×$最低销售收入

② 回归直线法。

回归直线法是根据若干期业务量和资金占用的历史资料，运用最小平方法原理计算不变资金和单位产销量所需变动资金的一种资金习性分析方法。

$$a=\frac{\sum x_i^2 \sum y_i - \sum x_i \sum x_i y_i}{n\sum x_i^2 - (\sum x_i)^2}$$

$$b=\frac{n\sum x_i y_i - \sum x_i \sum y_i}{n\sum x_i^2 - (\sum x_i)^2}$$

三、案例示范及引导

A 公司的销售预测

A 公司是一家玩具销售公司，2016 年 1—6 月份的实际销售收入情况为：1 月份的实际销售额为 480 万元，2 月份的实际销售额为 472 万元，3 月份的实际销售额为 560 万元，4 月份的实际销售额为 508 万元，5 月份的实际销售额为 520 万元，6 月份的实际销售额为 540 万元，假定 6 月份的预测销售收入为 558 万元。

要求：分别采用以下方法预测 2016 年 7 月份的销售额。（其中，1—6 月份的权重系数分别为：0.01，0.04，0.08，0.12，0.25，0.5；平滑系数为 0.6。）

（1）算术平均法；

（2）加权平均法；

（3）指数平滑法；

（4）回归直线法。

【案例分析】

A 公司 2016 年 1—6 月份的实际销售收入情况如表 4-1 所示。

表 4-1　A 企业 2016 年 1—6 月份的实际销售收入情况

月份	1	2	3	4	5	6
实际销售额/万元	480	472	560	508	520	540

（1）采用算术平均法进行预测。

2016 年 7 月份的销售额=（480+472+560+508+520+540）/6=513.33（万元）

（2）采用加权平均法进行预测。

2016 年 7 月份的销售额=480×0.01+472×0.04+560×0.08+508×0.12+520×0.25+540×0.5
=529.44（万元）

（3）采用指数平滑法进行预测。

2016 年 7 月份的销售额 $Q_t=\alpha A_{t-1}+(1-\alpha)Q_{t-1}=0.6\times540+(1-0.6)\times558=547.20$（万元）

（4）采用回归直线法进行预测。

① 根据 1—6 月份的实际资料，计算结构如表 4-2 所示。

表 4-2　回归分析相关计算

月份	间隔期（x）	销售额（y）	xy	x^2
1	−5	480	−2400	25
2	−3	472	−1416	9
3	−1	560	−560	1
4	1	508	508	1
5	3	520	1560	9
6	5	540	2700	25
$n=6$	$\sum x=0$	$\sum y=3080$	$\sum xy=392$	$\sum x^2=70$

求 a，b 的值（$y=a+bx$）：

$$a=\sum y/n$$
$$=3080/6=513.33（万元）$$
$$b=\sum xy/\sum x^2$$
$$=392/70=5.6（万元）$$

② 根据 $y=a+bx$ 的公式预测 7 月份的销售额：

$$y=513.33+5.6\times7=552.53（元）$$

A 企业的成本预测

A 企业是一家生产机器设备的企业，甲机器设备是 A 企业的主营业务之一，现 A 企业想要通过甲机器设备 2012—2016 年的相关产品成本情况预测出甲机器设备 2017 年的相关成本。表 4-3 是 A 企业甲机器设备 2012—2016 年有关成本及产量情况。

表 4-3　A 企业甲机器设备 2012—2016 年有关成本及产量情况

年份	2012	2013	2014	2015	2016
产量/台	500	400	600	720	800
总成本/元	550 000	480 000	630 000	700 000	776 000
其中：固定成本/元	172 000	176 000	180 000	178 000	184 000
单位变动成本/元	1512	1520	1500	1450	1480

若甲机器设备 2017 年的预计产量为 960 台。要求：分别采用以下方法预测 2017 年甲机器设备的总成本和单位成本。（权重和系数分别为：0.03，0.12，0.16，0.24，0.45。）

（1）高低点法；

（2）加权平均法；

（3）回归直线法。

【案例分析】

（1）按高低点法进行预测。

首先，找出高低点，如表 4-4 所示。

表 4-4　高低点表

项目	高点（2016 年）	低点（2013 年）
产量（x）/台	800 台	400 台
总成本（y）/台	776 000 元	480 000 元

① $b=\Delta y/\Delta x=$（776 000−480 000）/（800−400）=740（元/台）。

将低点（400，480 000）代入 $y=a+bx$，有 480 000=a+740×400，所以 a=184 000（元）。

因此，模型为 y=184 000+740x。

② 甲机器设备 2017 年的总成本预测：

总成本 y=184 000+740×960=894 400（元）

单位成本 y/x=894 400/960=931.67（元/台）

（2）按加权平均法进行预测。

① $y=a+bx$

a=172 000×0.03+176 000×0.12+180 000×0.16+178 000×0.24+184 000×0.45

　=180 600

b=1512×0.03+1520×0.12+1500×0.16+1450×0.24+1480×0.45

　=1481.76

所以成本模型 y=180 600+1481.76x。

② 预测甲机器设备 2017 年总成本与单位成本 y/x。

y=180 600+1481.76×960=1 603 089.60（元）

y/x=1 603 089.60/960=1669.89（元/台）

（3）按回归直线法预测。

① 首先，回归分析相关计算如表 4-5 所示。

表 4-5　回归分析相关计算

年度	产量（x）/台	总成本（y）/元	xy	x^2
1	500	550 000	275 000 000	250 000
2	400	480 000	192 000 000	160 000
3	600	630 000	378 000 000	360 000

续表

年度	产量（x）/台	总成本（y）/元	xy	x^2
4	720	700 000	504 000 000	518 400
5	800	776 000	620 800 000	640 000
n=5	$\sum x$=3020	$\sum y$=3 136 000	$\sum xy$=1 969 800 000	$\sum x^2$=1 928 400

将上述结果代入公式，则有：

$$b = \frac{n\sum xy - \sum x \sum y}{n\sum x^2 - (\sum x)^2}$$

=（5×1 969 800 000－3020×3 136 000）/（5×1 928 400－3020²）

=378 280 000/521 600

≈725.23

$$a = \frac{\sum y - \sum bx}{n}$$

=（3 136 000－725.23×3020）/5

≈189 161.08

所以 y=189 161.08+725.23x。

② 预测甲机器设备 2017 年总成本与单位成本：

y=189 161.08+725.23×960=885 381.88（元）

y/x=885 381.88/960≈922.27（元/台）

A 公司的利润预测

A 企业是一家机床生产企业，2016 年度 A 企业甲机床的销售数量为 1000 件，单位售价为 36 000 元，单位变动成本为 24 000 元，固定成本总额为 10 000 000 元。在此基础上，如果要求下年度甲机床的利润增长 12%，A 企业可以从哪些方面采取措施？

【案例分析】

A 企业甲机床 2016 度的利润为：1000×36 000－1000×24 000－10 000 000=2 000 000（元）。

如果要求下年度的利润增长 12%，即达到 2240 000 元[2 000 000×（1+12%）]，可以从以下几个方面采取措施：

（1）增加销售数量（设销售量为 x）。

因为　2240 000=36 000×x－24 000×x－10 000 000

x×（36 000－24 000）=12 240 000

所以　　x=12 240 000/（36 000－24 000）=1020（件）

在其他条件不变时，销售数量增加 2%[（1020－1000）/1000×100%]，达到 1020 件时，可实现目标利润。

（2）提高销售单价（设销售单价为 p）。

因为　　2240 000=1000× p -1000×24 000-10 000 000

　　　　1000× p =36240 000

所以　　p = 36240 000/1000=36 240（元）

在其他条件不变时，销售单价提高 0.67%[(36 240-36 000)/36 000×100%]，达到 36 240 元时，可实现目标利润。

（3）降低固定成本总额（设固定成本为 F）。

因为　　2 240 000=1000×36 000-1 000×24 000-F

　　　　2 240 000=36 000 000-24 000 000-F

所以　　F=36 000 000-24 000 000-2 240 000=9 760 000（元）

在其他条件不变时，固定成本总额降低 2.4%。

[（9 760 000-10 000 000）/10 000 000×100%]，降低为 9 760 000 元时，可实现目标利润。

（4）降低单位变动成本（设单位变动成本为 b）。

因为　　2 240 000=1000×36 000-1000b-10 000 000

　　　　1000b=1000×36 000-10 000 000-2 240 000= 23 760 000

所以　　b = 23 760 000/1000=23 760（元）

在其他条件不变时，单位变动成本降低 1.00%[（23 760-24 000）/24 000×100%]，降低为 23 760 元时，可实现目标利润。

四、案例实训演练

甲零件的目标成本预测

A 企业是一家汽车零配件生产企业，该企业生产经营一种汽车零件：甲零件。甲零件的经营资金 4 000 000 元。该汽车零件 2016 年度的单位售价 200 元，获得利润 400 000 元。经市场预测，该汽车零件 2016 年度产销 60 000 件，营业税率为 10%时，售价下降 2%，资金利润率可以增加 5%。

要求：预测 A 企业 2017 年度甲零件的目标成本。

第四单元　经营预测

甲机器设备的总成本和单位成本预测

A 企业是一家机器设备生产企业,产销甲机器设备,已知 2012—2016 年的产量和成本数据如表 4-6 所示。

表 4-6 A 企业 2012—2016 年的成本资料表

年度	产量/万台	单位变动成本/万元	固定成本总额/万元
2012	200	0.60	40 000
2013	750	0.30	52 000
2014	600	0.45	54 000
2015	450	0.55	48 000
2016	1000	0.40	60 000

若 A 企业计划 2017 年的产量为 1200 万台。要求:采用高低点法预测 A 企业 2017 年度甲机器设备的总成本和单位成本。

第四单元　经营预测

第五单元　短期经营决策模拟实验

一、实训目的

通过本单元的实训，学生在了解决策分析的概念、特点、原则、程序和分类等基本概念的基础上，能够掌握短期经营决策各种方法的基本原理。学生应了解决策分析的概念、原则和程序；熟悉短期经营决策的目标、决策方案的类型和必须考虑的各种相关因素；熟练掌握差别损益分析法、相关损益分析法和成本无差别点法在生产经营决策分析中的应用技巧；重点掌握不同生产经营决策方案条件下的增量成本、机会成本和专属成本的内容与计量方法等，能运用所学知识进行短期生产经营决策。

二、知识回顾

（一）决策概述

1. 决策的概念

决策是人们为了达到预定目标，从两个或两个以上的备选方案中通过比较分析，选择一个最优的行动方案的过程。简单地说，决策即对未来的行动方案做出决定。

2. 经济决策的概念

经济决策是指在任何经济组织内，为了实现预定目标，需要在科学预测的基础上，结合本单位的内部条件和外部环境，对未来经济活动的各种备选方案，通过缜密的调查研究和分析评价，最终做出抉择和判断的过程。如在计划年度生产什么产品，生产多少，采用什么工艺进行生产等。

3. 经济决策的评优标准

（1）西方国家的标准：以货币衡量经济效益的高低为标准。
（2）我国的标准：除经济效益外，还重视社会效益。

4. 决策与预测的关系

预测是决策的基础。

5. 决策分析的一般程序

（1）确定决策目标；

（2）搜集有关信息；
（3）提出备选方案；
（4）通过定量分析对备选方案做出初步评价；
（5）考虑其他因素的影响，确定最优方案；
（6）评估决策的执行情况和信息反馈。

（二）经济决策的分类

1. 按决策时间长短进行分类

（1）短期决策。

短期决策，也称经营决策，是指只涉及一年以内的一次性专门业务，并仅对该时期内的收支盈亏产生影响的问题进行的决策。

决策目的：如何利用企业的现有资源得到最合理、最充分、最有效的配置和利用，借以取得最佳经济效益和社会效益。

主要解决问题：是否接受追加订货；零部件是自制还是外购；亏损产品是否停产或转产等。

（2）长期决策。

长期决策，也称投资决策，是指产生报酬的期间超过一年，并对较长期间内的收支盈亏产生影响的问题进行的决策。

决策目的：充分研究时间价值和风险价值因素，使原始投资额得到最佳回报。

主要解决问题：增加或减少固定生产设备；添置固定资产是举债购置还是租赁；对原有固定资产是进行更新，还是进行改造等。

2. 按决策范围进行分类

（1）微观经济决策。

微观经济决策，是指一个组织内部所进行的决策。

（2）宏观经济决策。

宏观经济决策，是指省、经济部门、国民经济范围的决策。

二者的最终目的一致，即获得最佳的经济效益。社会制度制约着决策的目的。西方国家只重视微观经济效益，而忽视社会效益；在社会主义国家，企业单位不仅会考虑微观经济效益，还会考虑社会效益。当微观和宏观效益发生矛盾时，应做到微观服从宏观，个体服从整体。

3. 按决策者掌握的信息进行分类

（1）确定型经济决策。

确定型经济决策，是指决策者对未来情况所掌握的信息都是肯定的数据，没有不确定性因素在内，只要比较不同方案的计算结果就可做出决策。如零部件是自制还是外购的决策。

（2）不确定型经济决策。

不确定型经济决策，是指决策者对未来情况所掌握的信息并非肯定的数据，而是存在着几种可能的结果。

如有办法对各种可能出现的结果分别确定其概率的，称为风险型经济决策。

如无法对各种可能出现的结果分别确定其概率的，称为不确定型经济决策。

4. 按决策本身的不同性质进行分类

（1）采纳与否决策。

采纳与否决策，也称接受与否的决策，是指备选待定方案只有一个做出的决策。如亏损产品是否停产、是否接受特殊加工订货等。

（2）互斥选择决策。

互斥选择决策，是指在一定的决策条件下，存在着几个相互排斥的备选方案，通过调查研究和计算对比，最终选出最优方案而排斥其他方案的决策。如零部件是自制还是外购、开发哪种产品等。

（3）最优组合决策。

最优组合决策，是指有几个备选方案可以同时并举，但资源总量受到限制的情况下，如何将这些方案进行最优化组合，使其综合经济效益达到最优的决策，如产品最优组合等。

5. 按决策的基本职能进行分类

（1）规划的决策。

规划的决策，是指规划未来经济活动而做出的决策，如研制开发新产品，添置新设备或改造旧设备等。

（2）控制的决策。

控制的决策，是指为控制日常经济活动而做出的决策，如调整生产设备、重新调配人员等。

（三）决策中的相关成本

1. 成本的可变性

根据成本的可变性将成本分为变动成本和固定成本。成本的可变性，是指有一部分成本总额随业务量总数的变动而呈正比例增减的特性。

2. 成本的时效性

成本的时效性，是指不同时期发生的成本会对决策产生不同影响的特点。具体分为以下三类：

（1）沉没成本。

沉没成本，是指由过去的决策所引起的并已经支付款项的成本。与历史成本的概念相似。

（2）重置成本。

重置成本，是指目前在市场上购买同一项资产需要支付的成本。

（3）付现成本。

付现成本，是指由于未来某项决策所引起的需要在将来动用现金支付的成本。

3. 成本的差异性

成本的差异性是指不同备选方案发生的成本一般不会相等的特性。

（1）差量成本。

广义的差量成本也称差额成本，是指两个备选方案的预期成本的差异数。

狭义的差量成本也称增量成本，是指由于生产能力利用程度的不同而形成的成本差异。

（2）边际成本。

边际成本，是指在企业的生产能力范围内，每增加或减少一个单位产量而引起的成本变动。当某产品的平均成本与边际成本相等时，其平均成本最低；当某产品的边际收入与边际成本相等时，企业实现最大利润。

4. 成本的排他性

成本的排他性，是指任何一项成本支出，用于某一方面就不能同时用于另一方面的特性。

（1）机会成本。

机会成本，是指在使用资源的决策分析过程中，选取某个方案而放弃其他方案所丧失的"潜在收益"。尽管不入账，但在决策分析时必须要考虑。

（2）实支成本。

实支成本，是指过去和现在实际发生的现金流出，并应记入账册的成本。在决策过程中，一般不考虑该成本。

5. 成本的可避免性

（1）可避免成本。

可避免成本，是指通过管理部门的决策行动可改变其数额的成本，如酌量性固定成本。

（2）不可避免成本。

不可避免成本，是指通过管理部门的决策行动不能改变其数额的成本，如约束性固定成本。

6. 成本的可递延性

（1）可递延成本。

可递延成本，是指在财力负担有限的情况下，对已经决定选用的某一方案如推迟执行，还不致影响企业的大局。与该方案有关的成本，称为"可递延成本"或"可延缓成本"，如车间墙壁粉刷用的材料成本等。

（2）不可递延成本。

不可递延成本，是指已选定的某一方案，即使在财力有限的情况下，也不可以推迟执行，否则就会影响企业的大局。与该方案有关的成本，称为"不可递延成本"或"不可延缓成本"，如为保护环境进行锅炉改造等。

7. 成本的可追溯性

（1）专属成本。

专属成本，也称特定成本，是指明确可归属于某种、某批或某个部门的固定成本，如专门为生产某种产品而专用的设备的折旧费等。

（2）共同成本。

共同成本，是指那些需由几种、几批或有关部门共同分担的固定成本，如车间照明用电费等。

8. 成本的可分性

成本的可分性，是指在联产品或半成品成本中，有一部分可以按阶段分开的特性。

（1）可分成本。

可分成本，是指在联产品或半成品的进一步加工过程中，对需要追加的变动成本和固定成本进行出售或进一步加工的决策。

（2）联合成本。

联合成本，是指在联产品或半成品进一步加工前所发生的变动成本和固定成本。

9. 成本的相关性

（1）相关成本。

相关成本，是指与未来决策有关的成本，如变动成本、重置成本、付现成本、差量成本、边际成本、机会成本、可避免成本、可递延成本、专属成本、可分成本等。

（2）无关成本。

无关成本，是指过去已经发生或虽未发生，但对未来决策没有影响的成本，如沉没成本、不可避免成本和不可延缓成本。

短期经营决策就其具体内容可以分为：生产决策、定价决策、存货决策。按照决策者掌握的信息可以分为：确定型决策、风险型决策和不确定性决策。

（四）短期经营决策的基本方法

在备选方案中选出最优方案是决策的重要过程，为了选择出最佳方案，需要运用不同的决策分析方法。生产决策的分析方法多种多样，最常见的方法有差量分析法、贡献毛益分析法、本量利分析法、最优生产批量法、线性规划法等。

1. 差量分析法

（1）差量分析法，也称相关损益分析法，是指根据两个备选方案的差量收入与差量成本的比较确定哪个方案最优的方法。

（2）分析程序。

差量成本：两个备选方案的预期成本的差异数。

差量收入：两个备选方案的预期收入的差异数。

差量损益：差量收入减去差量成本。

（3）选优标准：差量损益>0，前者为优；差量损益<0，后者为优。

（4）适用范围：生产什么产品的决策分析；零部件自制还是外购的决策分析；半成品、联产品或副产品是否进一步加工的决策分析；副产品是否作为废料处理的决策分析。

2. 贡献毛益分析法

贡献毛益分析法，是指通过对比备选方案所提供的贡献毛益总额来确定最优方案。

（1）适用条件：备选方案的固定成本水平相同。

（2）分析程序：计算各方案的预计收入总额；计算各方案的变动成本总额；计算各方案的贡献毛益总额。

（3）选优标准：贡献毛益总额大者为优。

（4）适用范围：开发哪种新产品的决策分析；是否接受追加订货的决策分析。

3. 本量利分析法

通过本量利分析找到成本分界点，就可以确定在什么业务量范围内哪个方案最优。

（1）分析程序：列出各方案成本方程式；确定成本分界点；制作本量利分析图；确定最优方案的业务量。

（2）适用范围：零部件自制还是外购的决策分析；选择不同工艺进行加工的决策分析。

4. 最优生产批量法

最优生产批量法，即在决策分析过程中要确定一个适当的生产批量，使其总成本最低。

适用范围：单一产品的最优生产批量的决策分析；同一设备分批轮换生产多种产品的最优生产批量的决策分析。

5. 线性规划法

线性规划法，是指专门用来对有线性联系的极值问题进行求解的一种现代数学方法。

（1）研究的问题：在有若干约束条件的情况下，对合理组织人力、物力、财力做出最优决策，如多种产品最优组合问题。

（2）分析程序：确立"目标函数"，通过函数形式表现在一定条件下可能达到的最优结果；建立约束条件方程式。

注意："目标函数"与"约束条件"必须具有直线性的关系。

（3）分析方法：几何解法（或称图解法）；行列式法；单纯形法。

（4）适用范围：追求利润最大化的产品最优组合的决策；追求成本最低化的产品最优组合的决策。

三、案例示范及引导

XH 化工公司海外投资项目决策

张×所属的 XH 化工公司的项目经理王经理，就项目 Y 的成本问题向他征求意见。项目 Y 是王经理准备竞投的一个海外的一次性订单。该项目的有关成本如下：

原材料 A	1600 万元
原材料 B	3200 万元
直接人工	2400 万元
监督成本	800 万元
间接费用	4800 万元
总成本	12 800 万元

张×所知的资料如下：

（1）原材料 A 已存放于仓库，上述数字乃是其成本价格。除上述项目 Y 以外，公司暂时没有其他项目会使用原材料 A。假如需要清理原材料 A，费用将是 700 万元。原材料 B 将需要从外面购入，成本如上所示。

（2）直接人工 2400 万元为从另一项目调配到项目 Y 的工人的人工成本。另一项目因为调配而需招聘的额外工人的成本为 2800 万元。

（3）监督成本是按项目的人工成本的 1/3 计算的，由现有的职员在其既定的工作范围内执行。

（4）间接费用按直接人工的 200% 计算。

（5）公司现正在高于保本点的水平运作。

（6）公司为此项目需购置的新机器，在项目完成后别无他用。机器的成本价为 4000 万元，项目完成后可以卖 2100 万元。

根据生产部经理的资料，这位海外客户愿意支付的最高价格为 12 000 万元，而公司的竞争对手也愿意接受这个价格。基于上述成本 12 800 万元还未包括机器的成本及公司的利润,项目部王经理可接受的最低价格是 16 000 万元。

要求:

(1)计算项目 Y 的相关成本,应清楚列明如何得出这些数字,并解释某些数字被排除的理由。

(2)帮助张×给生产部王经理编写一份报告,阐明公司应否竞投此项目、竞投原因及投标价。请留意竞争对手愿意出价 12 000 万元竞投此项目。

(3)指出在竞投项目 Y 前应考虑的一些非货币性因素。

(4)假设公司是在低于保本点的水平运作,你会帮助张×提出什么建议?请说明理由。

【案例分析】

(1)编制差量成本分析表(见表 5-1)。

表 5-1　差量成本分析表　　　　　　　　单位:万元

	竞投	不竞投	差量成本
(1)原材料 A	—	700	-700
(2)原材料 B	3200	—	3200
(3)直接人工	2800	—	2800
(4)监督成本	—	—	—
(5)间接费用	—	—	—
(6)机器净成本	1900	—	1900
相关成本合计	7900	700	7200

竞争对手的出价　　　12 000 万元
项目相关成本　　　　7200 万元
项目损益　　　　　　4800 万元

说明:

① 原材料 A 已存放于仓库,竞投项目 Y 不会增加此项成本;如果不竞投项目 Y,则公司将要处理原材料 A。

② 原材料 B 需要特地购入,为相关成本。

③ 无论竞投与否都需要支付工人工资 2400 万元。但如果工人是从别的项目调配过来的话,必须支付额外的 2800 万元,才能使此项目顺利进行。

④ 监督工作是由现有职员负责的,不论竞投与否,职员都会收到薪金,但也不会因此而得到额外的酬劳。因此监督成本是无关成本。

⑤ 由于公司在现有水平(高于保本点)的运作足以完全承担所有的间接费用,因此并不需要计算一个间接费用到项目 Y。

⑥ 机器净成本=4000-2100=1900(万元)。

（2）报告应说明。

根据上述计算的数字及解释，如果公司的竞投价格与对手的相同，为12 000万元，则公司将赚得4800万元的利润。

简单来说，竞投该项目，只需考虑与该项目有关的一些成本，即相关成本，这些成本将由该项目的经营所得支付。而有些成本与该项目无关，即不论竞投与否，都是不可避免的，如2400万元的工人工资、监督成本和间接费用等，这些成本将由现在的经营所得支付。

因此，公司应竞投此项目，而竞投价格介于7200万元至12 000万元之间。如果要战胜竞争对手，应将价格定在12 000万元之下。

（3）应考虑如下非货币性因素。

① 公司对这类项目可能缺乏经验，工人可能需要接受培训，而管理人员也可能会承受不必要的压力。此外，技术上也可能有预测不到的困难。

② 项目的运作时间和其消耗的共用资源也可能影响现时的运作。

③ 应关注海外的环境。订单可能因为政治因素而在没有通知的情况下取消。此外，也可能需要符合一些法律的要求（如安全标准），客户信用状况也要考虑。

④ 项目可能提供一个打进新市场的机会。为了要取得将来的订单，现在可能需要制定一个比竞争对手低的价格。

（4）假如公司是在低于保本点的水平运作，即表示现时的运作所产生的贡献边际并不足以支付固定成本，则部分或全部的监督成本及间接费用便需转嫁于项目Y上。竞投价格的计算：7200+800+4800=12 800（万元）。

换句话说，公司并不能与对手竞争。除非公司认为客户会因为一些非货币性因素，如产品质量或完成速度，而愿意支付较高的价格，否则公司不应竞投此项目。

DK汽车零部件有限责任公司的经营决策案例

DK汽车零部件有限责任公司是国内颇具规模的汽车零部件标准件生产厂家，主要从事汽车零部件的生产与开发，以其优异的质量以及合理的价格在国内知名，是汽车零部件行业的翘楚。其产品囊括了各类汽车零部件及相关的其他各种精密工装部件。产品已通过ISO9001：2000质量管理体系认证，符合ROHS指令的要求。

汽车零部件行业作为汽车工业的配套行业，是其重要组成部分。汽车零部件行业的发展与汽车工业的发展息息相关，汽车工业整车制造与技术创新需要零部件做基础，零部件的创新与发展又对汽车工业整车制造产生强大推动力。随着经济全球化和产业分工的细化，汽车零部件行业在汽车工业中的地位越来越重要。汽车零部件行业根据下游客户的不同，可以细分为整车配套市场和售后维修市场，行业内大多数企业主要服务于整车配套市场。一台整车在出厂前需要配装数万个零部件，产业链涉及的产品众多。因此，近年来，全球汽车工业的蓬勃发展带动了汽车零部件行业的市场繁荣。

得益于国内汽车产销量、保有量的持续增加和零部件采购的全球化，我国汽车零部件行业取得了长足的发展。行业发展状况如下：

加入 WTO 以来，我国汽车零部件行业规模迅速扩大，2004 至 2018 年汽车零部件工业产值年均复合增率约为 23.10%，高于汽车工业总产值 18.86% 的年均增速。（见图 5-1）

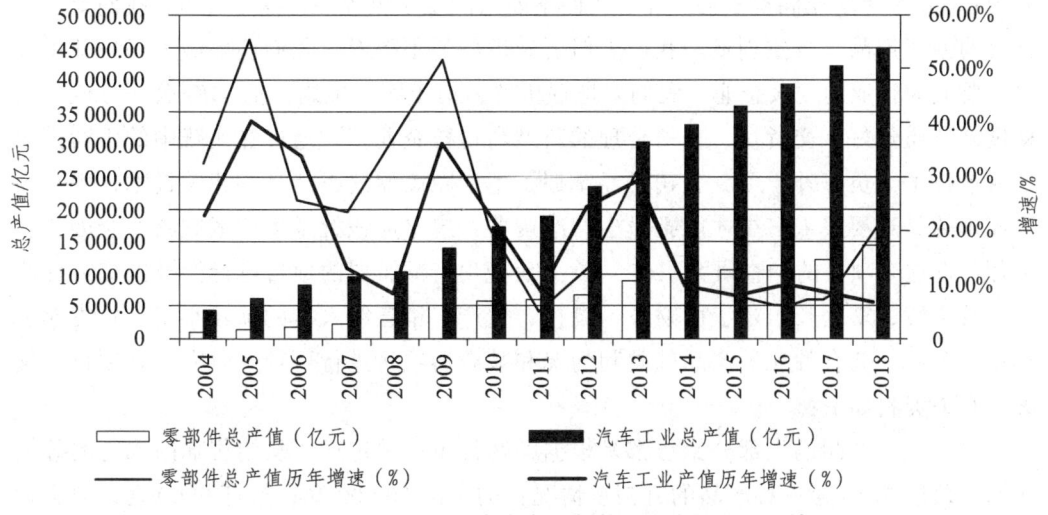

图 5-1　2004—2018 年国内汽车零部件行业产值及增速情况

然而，我国零部件工业产值占汽车工业总产值的比重仍在 30% 左右，远低于发达国家的 60%~70%。其原因是我国本土汽车零部件企业的产品更多地集中在低附加值的产品领域，在关键零部件产品的设计开发、制造工艺水平及供应链管理等方面还难以适应跨国汽车企业对整车匹配的较高要求，在参与整车同步研发、零部件系统集成等方面的技术力量也较为欠缺，难以在较短时间内形成对进口关键零部件的大规模替代。

我国的整车制造行业处于产业成长期，人均汽车保有量依旧很低，正处于以汽车消费为代表的消费升级阶段，国内汽车需求仍将保持持续增长，市场容量较大。随着我国汽车零部件企业规模化、专业化程度的加深，汽车零部件行业的产业集群也初具雏形，现已初步形成东北、京津、华中、西南、长三角、珠三角等六大零部件产业集群，产业集群效应将带动我国汽车零部件产业竞争力加速提升。

未来我国汽车零部件企业将面对激烈的市场竞争，将加快产业整合步伐，通过兼并重组、上市融资、扩大企业规模，提升技术及经营管理水平，形成一些在细分市场具有国际竞争力的企业。

基于此背景，2018 年年初，DK 公司召开了高层管理人员会议，与会者包括公司总经理张×和财务处处长李×等各部门主管，来探讨 DK 公司未来的发展战略。

张总经理说："自从 1996 年公司成立以来，我们的产品领域在不断拓展，公司整体实力在不断增强。在取得成绩的同时，我们也应该进行全面总结，识别薄弱环节，扫清企业发展的障碍。大家都知道，2017 年，我们经历了一个转折点，自从大胆投产了三种新产品，我们的业绩逐年攀升，然而据财务处提供的报告来看，并不是这三种产品的投入都收到了良好的效果，我们需要对倒车镜、车灯、离合片三种产品的盈亏进行详细分析，弄清是哪种产品拖了我们业绩的后腿，并测算出今年这三种产品的利润情况。"

接下来张总又要求销售部门、生产部门、后勤部门等进行工作总结。然后，他接着说："2018年是充满挑战的一年，我们不能只满足于世界工厂这个称号，我们要开发自己的创新产品，自主创新。我们不但要做市场的跟随者，我们还要做市场的领军人物，要成为行业的龙头企业。我们要把握机遇，勇于面对挑战，把 DK 公司办成产品精度高、质量好、交货快、价格合理的新型高科技企业。""通过在实践中的不断摸索和派遣技术人员海外学习，公司已经掌握了生产减震器这类产品的相关技术，现在需要明确的是还要投入多少才能批量生产减震器？应不应该批量生产减震器？李处长，由你负责这个项目的调查研究工作，10 天后把生产减震器的项目可行性报告交给我。"

散会后，李处长组建了由财务、设计、生产、销售等人员的项目小组，负责对倒车镜、车灯、离合片三种产品的盈利情况和减震器项目进行可行性研究。该项目组搜集的有关资料如下：

（1）三种产品的大部分销售都是根据顾客订单以销定产，从销售部门取得的数据显示，预计 2018 年三种产品的月销量情况：倒车镜 10 000 套；车灯 9000 套；离合片 7500 套。

（2）三种产品的市场售价（减去有关税费后）：倒车镜 475 元/套；车灯 290 元/套；离合片 330 元/套。

（3）组成三种产品的固定制造费用的项目包括管理人员薪酬、劳动保护费、差旅费、机器设备折旧、办公费。按照一定的方法进行分配和归集，得到三种产品的月固定成本：倒车镜的月固定生产成本为 17 400 元、车灯的月固定生产成本为 15 500 元、离合片的月固定生产成本为 17 800 元。另外，三种产品的固定销售及管理费用分别为 9000 元、8500 元、10 000 元。

（4）三种产品的单位变动生产成本为：倒车镜 170 元、车灯 86 元、离合片 115 元。另外，单位变动销售及管理费用分别为：46 元、32 元、53 元。

该项目组拟从保本点的角度分析企业经营的安全性，并对三种产品 2018 年的目标利润进行预测。

但是，在对现有产品的经营安全性分析和利润预测上，财务部与业务部产生了较大的分歧。

生产部赵×和销售部王×认为，根据倒车镜、车灯、离合片三种产品单位成本的计算公式：产品成本=单位固定生产成本+单位变动生产成本，得出三种产品的单位成本分别为 171.74 元、87.72 元、117.37 元；再按保本点的计算公式：（单位毛利-变动的销售和管理费用）×保本销售量-固定销售和管理费用=0，计算出三种产品的保本销售量分别为 35 套、50 套、63 套。而财务部张×计算的保本销售量分别为 102 套、140 套、172 套。保本点计算上的巨大差异直接影响企业经营性的分析和决策。

此外，在减震器项目可行性的讨论中，国际惯例是成套销售，每套由 9 组减震器和 1 个平衡块组成。技术部李×和销售部王×认为，虽然二车间现有三年前购置的两条数控生产线，当时购买价格是 315 万元。但是，要批量生产减震器还需要租入两台缝焊机，每台每月的租金是 3500 元，并雇用 3 名生产工人，人均薪酬 2800 元/月。现在需要考虑的是，这样不断增加投入，对产品营利性的要求将大幅提高。如果产品未来销售无法保证，很可能投入的本钱都收不回来，那就不如充分利用现有设备维持现有产品超硬模的生产，并努力扩大其市场份额。接着，他用投影仪向大家展示了下面的信息：

（1）由于加工减震器和平衡块设备要求起点高，加工工艺、技术水平高，因此国内几乎没有生产此类高精度产品的厂家。亚洲地区也只有日本的三家工厂具备批量生产的能力。目前，国际上该类产品的售价是 307 元/套，其中减震器 28 元/组，平衡块 55 元/组，每套由 9 组减震器和 1 支平衡块组成。

（2）目前，公司已有产品中的半轴螺栓与将要开发的减震器和平衡块在核心工艺和设备上存在很大的通用性。因此，这两种产品可以同时在同一条生产线上进行生产。现在二车间有两条生产半轴螺栓的生产线，每条生产线目前的市场价格为 150 万元。如果租入两台缝焊机，可使产能达到 100%，两条生产线可以实现月产减震器 6300 组、平衡块 700 个或半轴螺栓标准件 7000 支。半轴螺栓的市场价格是 33 元/支。

（3）减震器、平衡块和半轴螺栓的毛利和成本数据如表 5-2 所示。

表 5-2　各产品的毛利和单位成本

产品	毛利率/%	单位售价/元	单位成本/元	单位毛利/元
减震器	12.5	28	24.5	3.5
平衡块	16.36	55	46	9
半轴螺栓	24.24	33	25	8

技术部的李×继续说：“半轴螺栓的毛利率高，其产生的利润也就会高于减震器。因此，我认为应该生产半轴螺栓。”

销售部的王×接着说：“是啊，根据前期的市场调查结果，生产减震器这类汽车零部件会挤占现有产品半轴螺栓产能的 50%，而且又要租入设备，我们应该慎重考虑关于生产减震器的问题。上个月有一印尼厂商跟我说，要以低于我们售价 20%的价格购买 80 套减震器，我当时就拒绝了，生产减震器产品的毛利率才 12.5%，而降价却达到 20%，怎么能做亏本生意。”

财务部赵×说：“我说一下我的想法，在生产减震器的决策中，三年前投入的 315 万元设备款是沉没成本，不应该再考虑了，现在只需要考虑租入设备和新雇用人员的支出。”

李×打断赵×的话，“我想，不能不考虑前期购买的设备支出吧，如果没有 315 万元数控生产线支出，即使我们现在租入缝焊机也不能生产，正是因为三年前我们已经购置了数控生产线,所以,现在只需要再租入缝焊机就可以生产减震器产品了,我们应该考虑与生产减震器有关的所有购买机器设备的资金投入,当我们进行减震器产品决策时,必须要考虑的是减震器产品的收入能否补偿曾经投入的设备款和即将发生的租金支出。"

针对王×和李×的观点,财务部的赵×反驳说:"产品的毛利率高并不能说明其对公司的贡献就大,在是否投入新产品的经营决策中主要应该考虑的是相关成本,而沉没成本属于无关成本;在进行产品决策时的关键因素是贡献毛益,而不是毛利率。举个例子,如果我们三个要去扛一根100斤(1斤=0.5千克)重的木头,虽然我的力气最小,但是,如果不让我来扛,那么你们受到的压力会更大。所以说,只要我能够站起来扛东西,哪怕只能扛10斤,我对扛这根木头也是有贡献的。"

大家都听懂了赵×的比喻,但是,技术部李×、销售部的王×对她提出的相关成本、沉没成本、贡献毛益这些概念在决策中的作用还是有些疑惑。

赵×看了看大家,接着说:"这是我搜集的有关减震器决策的相关信息。"并用投影仪向大家展示了信息(见表5-2和表5-3)。

表5-3 各产品变动成本 单位:元

	减震器	平衡块	半轴螺栓
单位变动成本	21	30	20
其中:直接材料成本	13	20	9
直接人工成本	1	1	2
热处理费	3	4	5
加工费	3	4	3
变动管理费用	1	1	1

表5-4 一车间每月固定成本 单位:元

固定成本	金额
管理人员薪酬	14 000
设备租金	4500
办公费	600
折旧费	8000
劳动保护费	500
每月固定成本合计	27 600

投影仪展示完以后,赵×继续说:"根据销售部门预测,如果转产减震器,将占有两条生产线50%的产能,则假设我们可以将一车间的固定成本平均分摊到两种产品中,那么两类产品(减震器套装和半轴螺栓)各自的保本点销售量分别是157组和1062支;

根据公司对每种产品的最低利润要求，如果要求两种产品每月各保证赚取 6000 元的经营利润，那么两类产品的销售量应该分别达到 225 组和 1524 支。

根据市场调查和现有的订单来看，如果下月投产减震器，生产线产能将达到 80%，其中 40%生产减震器，另外 40% 生产半轴螺栓。如果我们下月投产后马上接受印尼厂商的订货，通过计算是可以的，接受订货将使企业的利润增加 2128 元。"

思考下面的一些问题，帮助 DK 公司做出决策。

（1）财务部与业务部在保本点计算上出现了巨大差异，你认为谁的计算方法正确，为什么？

试分析两个部门计算方式的差异反映出企业经营管理中存在哪些缺陷？

（2）技术部李×认为需要考虑前期投入设备成本的观点是否正确，财务部的赵×为什么说"在生产减震器的决策中，三年前投入的 315 万元设备款是沉没成本，不应该再考虑了？"

两者产生分歧的原因在哪里，它警示我们在决策时应注意什么问题？

（3）李×说："半轴螺栓的毛利率高，其产生的利润也就会高于减震器，因此，我认为应该生产半轴螺栓。"而赵×指出："在进行产品决策时的关键因素是贡献毛益，而不是毛利率。"

你怎么看待这个问题，在确定生产何种产品时，该以哪种标准决策，为什么？

（4）请帮助他们进行分析，是否应将两条生产线上 50%的产能用于转产减震器？

如果不转产，请说明理由；如果决定转产，根据以销定产，则应制定何种转产策略，即每年至少要销售多少套减震器才可以获得较不转产减震器更大的收益？

（5）对印尼厂商的订货行为，财务部和销售部的分歧是如何产生的？导致两种结果的原因是什么？

如果你是销售部的经理，你会接受哪个部门的意见，为什么？

如果印尼厂商的订货数量为 300 套，此时已超过了企业的剩余生产能力，并会冲击企业的正常业务，此时是否可以接受该笔特殊订货？计算并分析原因。

（提示：特殊订货决策方法，要考虑剩余生产能力。）

【案例分析】

（1）由以上案例可得以下信息（见表 5-5）。

表 5-5　汽车零部件成本分析表　　　　　　　　　单位：元

	倒车镜	车灯	离合片
单价	475	290	330
固定生产成本	17 400	15 500	17 800
固定销售和管理费用	9000	8500	10 000

续表

	倒车镜	车灯	离合片
总固定成本（a）	26 400	24 000	27 800
单位变动生产成本	170	86	115
单位变动销售和管理费用	46	32	53
单位变动总成本（b）	216	118	168
单位成本	171.74	87.72	117.37

① 销售部王×采用完全成本法计算保本点：

保本销售量=固定销售和管理费用/（单位毛利-变动的销售和管理费用）

所以有：倒车镜保本销售量=9000/（475-171.74-46）=35

车灯保本销售量=8500/（290-87.72-32）=50

离合片保本销售量=10 000/（330-117.37-53）=63

② 财务部赵×采用变动成本法。

保本量 $x=a/(p-b)$

倒车镜保本量=26 400/（475-216）=102

车灯保本量=24 000/（290-118）=140

离合片保本量=27 800/（330-168）=172

③ 我认为财务部赵×的计算是正确的，原因如下：

第一，从文中可以看出，DK 汽车零部件有限责任公司是按照成本性态来分析的，把全部成本化成为变动成本和固定成本，因此，符合变动成本法的应用前提。

第二，公司的大部分销售时根据顾客订单以销定产，也符合变动成本法的产销平衡的假设。

第三，该公司是以一个月的指标来预测的，因此，是短期经营决策，而固定成本法有利于长期经营决策。

第四，变动成本法便于确定成本责任的归属，也增强了会计信息的准确性。

这两个部门计算方式的差异，反映出企业经营管理的缺陷：① 各部门的管理不统一；② 各部门的分工过于精细，导致部门之间的交流不足。

（2）单纯从成本核算的角度来看，产品成本是一个非常重要的概念，它属于历史成本，必须在账簿中予以反映，而成本管理更侧重于成本的预测和决策，关注未来成本可能达到的水平，成本决策中常常考虑与决策有关的成本概念，这些成本概念统称为相关成本。

相关成本与成本核算中的产品成本概念不同。首先相关成本所属概念多样化，是与决策有关的一系列成本概念的总称，如机会成本、差量成本、专属成本、重置成本等;其次这些与决策有关的成本概念一般不需在凭证和账簿中反映,但决策中必须考虑。无关成本是相关成本的对立概念,是指与决策无关的成本。为保证决策的正确性,决策中必须区分相关成本和无关成本,凡无关成本决策中不予考虑,可以剔除,包括沉没成本、共同成本等。

本例中的 315 万元设备款,是该项决策的无关成本,作为沉没成本处理,不应该考虑。技术部李×和财务部的赵×产生差异的根本原因在于,对决策所考虑的成本项目界定不清,它警示我们在决策时应注意相关成本、无关成本的区分。

(3)应该同意赵×的观点。

由第 2 小题可知,在决策时只需考虑相关成本,不考虑无关成本,即不考虑沉没成本,而计算毛利率实际上就考虑了沉没成本[毛利率=(销售收入-销售成本)/销售收入×100%]。

反之,计算贡献毛益则没有考虑沉没成本(贡献毛益=销售收入-变动成本)。哪种产品的贡献毛益大,就应该生产哪种产品。

所以,只需比较生产的两种产品的贡献毛益即可确定生产何种产品。

(4)用差别损益法进行分析。

① 先列出两种产品的相关信息(见表 5-6)。

表 5-6 减震器套装和半轴螺栓损益分析   单位:元

项目	减震器套装	半轴螺栓
单价	28×9+55=307	33
单位变动成本	21×9+30=219	20
单位贡献边际	307-219=88	33-20=13
专属成本	3500×2+2800×3=15 400	0

② 从市场调查和现有的订单来看,产能为 80%(见表 5-7)。

表 5-7 减震器套装和半轴螺栓成本分析   单位:元

项目	减震器套装	半轴螺栓
贡献边际总额	88×700×80%×0.5=24 640	13×7000×80%×0.5=36 400
机会成本	7000×80%×0.5×13=36 400	

③ 列出差别损益表格(见表 5-8)。

表 5-8 减震器   单位:元

	转产	不转产	差异额
相关收入	24 640	0	24 640
相关成本	15 400+36 400=51 800	0	51 800
差别损益			-27 160

由以上可知,当产能为 80%时,不转产减震器。以销定产,转产 50%时,每年至

少要销售的减震器套装为：(7000×13×0.5+15 400)/88=693（套）。

(5) 两者的分歧在于接受特殊订单的决策相关成本及相关收益。财务部门考虑特殊定价与变动成本的关系，即单价 245.6（=307×0.8）>变动成本（219）。而销售部却考虑了毛利率，即间接考虑了无关成本。我同意财务部的意见。因为决策时不应考虑无关成本。此时售出 80 套减震器，公司能赚：

(245.6-219)×80=2128（元）

① 若接受印尼厂商的 300 套减震器订货。

若冲击的是减震器套装的正常业务。

700×(1-80%)=140（套）

下面列出差别损益表格（见表 5-9）。

表 5-9 减震器套装差别损益分析表　　　　　　　　　单位：元

40%产能	接受订货	不接受订货	差异额
相关收入	245.6×300=73 680	0	73 680
相关成本：	78 020	0	78 020
增量成本	219×160=35 040	0	
机会成本	307×140=42 980	0	
差别损益			-4340

由于差别损益小于 0，此时不接受订货。

② 若冲击的是半轴螺栓的正常业务（见表 5-10）。

7000×(1-80%)=1400（支）

表 5-10 半轴螺栓差别损益分析表　　　　　　　　　单位：元

40%产能	接受订货	不接受订货	差异额
相关收入	245.6×300=73 680	0	73 680
相关成本	53 240	0	53 240
增量成本	219×160=35 040	0	
机会成本	13×1400=18 200	0	
差别损益			20 440

由于差别损益大于 0，此时接受订货。

四、案例实训演练

CX 锅业有限公司成本案例分析

CX 锅业有限公司是一家专门从事不粘炒锅生产的企业，总经理是朱先生。由于受金融危机的影响，公司 2016 年的产销量由 2015 年的 260 万口下降到 220 万口，每口成本却由 93 元上升到 105 元。为此，朱总对公司内的所有员工都给予了严厉的批评，并扣发了他们当年的奖金。

但是该公司生产车间的主任刘×感到十分委屈，于是向总经理提供了相关数据。这些数据表明 2016 年的成本实际上比 2015 年的还要低些。因此，总经理对财务科提供的数据的准确性表示一定的怀疑，而财务科科长张×坚决否认，并提供了充足的证据表明财务科所提供的成本信息是完全正确的。

请问：

（1）如果你是生产车间主任刘×，你应向总经理提供什么数据，以证明 2016 年的成本实际上比 2015 年的还要低些？

（2）如果你是财务科科长张×，你应向总经理提供什么数据，以证明财务科提供的成本信息是完全正确的？

（3）如果你是该公司的财务顾问，你将向总经理就上述事件提出哪些建议？

第六单元　长期投资决策模拟实验

一、实训目的

通过本单元的实训，学生应了解长期投资的含义、分类和基本特点；熟悉不同投资项目的现金流量的具体构成内容，能够熟练运用各种方法和技巧确定不同投资项目的净现金流量，形成完整的货币时间价值的观念，能熟练计算货币时间价值的各种形式，熟悉长期投资决策的定义、特点及其意义；掌握投资项目和项目主体的定义、计算期构成内容、原始总投资与投资总额的构成内容、投资项目的类型，以及资金的投入方式等基本概念；熟悉资金时间价值的相关概念；掌握复利现值、普通年金现值和递延年金现值的计算公式；能够熟练运用货币时间价值系数表进行相关指标的计算，为长期投资决策奠定基础。

二、知识回顾

（一）长期投资概述

凡涉及投入大量资金，获取报酬或收益的持续期间超过一年以上，能在较长时间内影响企业经营获利能力的投资，统称为长期投资。

（二）长期投资的分类

1. 按其对象进行分类

长期投资按其投资对象的不同，可分为项目投资、证券投资和其他投资三种类型。

2. 按其动机进行分类

长期投资按其动机的不同，可分为诱导式投资和主动式投资两种类型。

3. 按其影响的范围进行分类

长期投资按其影响的范围不同，可分为战术型投资与战略型投资两种类型。

4. 按其与再生产类型的联系进行分类

长期投资按其与再生产类型的联系不同，可分为合理型投资和发展型投资两种类型。

5. 按其直接目标的层次进行分类

长期投资按其直接目标的层次不同，可分为单一目标投资和复合目标投资两种类型。

（三）关于长期投资项目的几个基本概念

1. 投资项目的含义

管理会计长期投资决策的研究对象是项目投资决策，而这类投资的具体对象则称为投资项目，简称项目。

2. 投资项目的主体

投资主体是各类投资人的统称，是具体投资行为的发出者。从企业项目投资的角度看，其直接投资主体就是企业本身。

3. 项目计算期的构成

项目计算期，是指投资项目从投资建设开始到最终清理结束整个过程的全部时间，即该项目的有效持续期间，通常以年为单位。

项目计算期、建设期和生产经营期之间有以下关系，即：

$$项目计算期（n）=建设期+生产经营期=s+p$$

4. 原始总投资与投资总额的构成内容

原始总投资又称初始投资，是反映项目所需现实资金水平的价值指标。建设投资，是指在建设期内按一定生产经营规模和建设内容进行的投资，包括固定资产投资、无形资产投资和开办费投资三项内容。

固定资产投资是项目用于购置或安装固定资产应当发生的投资，也是任何类型项目投资中不可缺少的投资内容。计算折旧的固定资产原值与固定资产投资之间可能存在差异，原因在于固定资产原值可能包括应构成固定资产成本的建设期内资本化了的借款利息。两者的关系如下：

$$固定资产原值=固定资产投资+建设期资本化利息$$

流动资产投资，是指项目投产前后分次或一次投放于流动资产项目的投资增加额，又称垫支流动资产或营运资产投资。

其计算公式为：

某年流动资产投资额（垫支额）=本年流动资金需用数+截至上年的流动资产投资额本年流动资产需用数

=该年流动资产需用数-该年流动负债需用数

（四）长期投资决策需要考虑的因素

企业在进行长期投资决策时，往往需要考虑以下几个重要因素：货币的时间价值、现金流量、风险因素、资本成本等。

1. 货币的时间价值

货币的时间价值具有以下特点：

（1）货币时间价值的表现形式是价值增值，是同一笔货币在不同时点上表现出来的价值差量或变动率。

（2）货币时间价值产生于货币被当作资本使用时的资金运动过程，如果货币没有作为资本纳入资金运动过程，则不会产生增值，也不具有时间价值。

（3）货币时间价值的大小与时间长短同方向变化，即时间越长，货币的时间价值越大。与时间长短呈同方向变化的货币时间价值可以表示为货币增值的绝对量，也可以表示为相对量。

2. 货币时间价值的计算

（1）复利终值和现值的计算。

①复利终值的计算。

复利终值的计算公式：

$$F=P(1+i)n=P(F/P, i, n)$$

②复利现值的计算。

$$P=F/(1+i)n=F/(1+i)n =F(P/F, i, n)$$

（2）年金终值和现值的计算。

年金是指在一定期间，每隔相同时期（一年、半年、一季度等）收入或支出等额款项。收入或支出等额款项在每期期末的，叫作"普通年金"，亦称"后付年金"；收入或支出等额款项在每期期初的，叫作"预付年金"或"先付年金"；第一次收入或支出等额款项在第二期期末或者第二期以后某期期末的，叫作"递延年金"；无限期持续收入或支出等额款项的，叫作"永续年金"或"终身年金"。

投资决策中，比较常用的是普通年金和预付年金，先分别以下列计算方法和案例做出介绍：

①普通年金。

第一，普通年金终值。

$$F = A(1+i)^0 + A(1+i)^1 + A(1+i)^2 + \cdots + A(1+i)^{n-2} + A(1+i)^{n-1}$$
$$= A\sum (1+i)^{t-1}$$
$$= A(F/A, i, n)$$

例如，如果每年年底存入银行 10 000 元，利率为 8%，复利计算的条件下，4 年后的本利和为：

$$F = A\sum (1+i)^{t-1}$$
$$= 10\,000 \times (F/A, 80\%, 4)$$
$$= 10\,000 \times 4.5061$$
$$= 45\,061（元）$$

第二，普通年金现值。

$$P = A(1+i)^1 + A(1+i)^2 + \text{L} + A(1+i)^{n-1} + A(1+i)^n$$
$$= A\sum 1/(1+i)^t$$
$$= A(P/A, i, n)$$

例如，如果希望4年中每年年底能够从银行取出10 000元，利率为8%，复利核算条件下，现在应当存入款项的金额为：

$$P = A\sum 1/(1+i)^{t-1}$$
$$= 10\,000 \times (P/A, 80\%, 4)$$
$$= 10\,000 \times 3.3121$$
$$= 33\,121（元）$$

② 先付年金。

第一，先付年金终值

$$F = A(1+i)^1 + A(1+i)^2 + \text{L} + A(1+i)^{n-1} + A(1+i)^n$$
$$= A\sum (1+i)^t$$

先付年金终值的计算，可以将其转化为后付年金终值的计算问题。则先付年金终值的计算公式为：

$$F = A\sum (1+i)^t = A(F_A/A, i, n)(1+i)$$
$$F = A\sum (1+i)^t = A(F_A/A, i, n+1) - A$$

例如，如果每年年初存入银行100 000元，利率为10%，复利核算条件下，5年后的本利和为：

$$F = A\sum (1+i)^t = A(F_A/A, i, n)(1+i)$$
$$= 100\,000 \times (F/A, 10\%, 5) \times (1+10\%)$$
$$= 100\,000 \times 6.105 \times (1+10\%)$$
$$= 671\,600（元）$$

或：

$$F = A\sum (1+i)^t = A(F_A/A, i, n+1) - A$$
$$= 100\,000 \times (F/A, 10\%, 5+1) - 100\,000$$
$$= 100\,000 \times 7.716 - 1000\,000$$
$$= 671\,600（元）$$

③ 递延年金。

递延年金，是指第一次收入或支出等额款项在第二期期末或者第二期期末以后某期期末的年金。

递延年金现值的计算公式为：

$$P = A[(P_A/A, i, n) - (P_A/A, i, m)]$$

或： $P = A(P/A, i, n-m)(P/F, i, m)$

例如，现在存入银行一笔款项，如果从第 4 年年末起，5 年中每年年末从银行取出 100 000 元，利率为 10%，复利核算条件下，现在应当存入的款项为：

$$P = A[(P/A, i, n)-(PA/A, i, m)]$$
$$=100\,000\times[(P/A, 10\%, 8)-(PA/A, i, 3)]$$
$$=100\,000\times(5.335-2.487)$$
$$=284\,800\,（元）$$

或：

$$P = A(P/A, i, n-m)(P/F, i, m)$$
$$=100\,000\times(P/A, 10\%, 8-3)\times(P/F, 10\%, 3)$$
$$=100\,000\times3.791\times0.751$$
$$=284\,800\,（元）$$

（3）插值法的应用。

例如，如果将 100 000 元存入银行，复利核算的 5 年后的终值，或称本利和为 12 000 元，则利息率为多少？

$$(F/P, i, n)=F/P=12\,000/10\,000=1.2$$

查找复利终值系数表，如果在 $n=5$ 对应的系数中有 1.2，则求取的贴现率应当是对应的利率。在本例中，$n=5$ 时对应的系数中没有 1.2，只有：

$$(F/P, i, n)=C_1=1.159 \quad 对应利率\ i_1=3\%$$
$$(F/P, i, n)=C_2=1.217 \quad 对应利率\ i_2=4\%$$

插值法的假设前提是在很小的范围内，相关系数与贴现率间存在线性关系。

则：

$$(i-i_1)/(i_2-i_1)=(C-C_1)/(C_2-C_1)$$
$$i=i_1+[(C-C_1)/(C_2-C_1)](i_2-i_1)$$
$$=3\%+[(1.2-1.159)/(1.217-1.159)](4\%-3\%)$$
$$=3\%+0.7\%$$
$$=3.7\%$$

3. 投资的风险价值

（1）预期投资报酬率。

投资者预期投资报酬率由无风险报酬率和风险报酬率两部分构成，具体关系如下：

预期投资报酬率＝无风险报酬率＋风险报酬率

式中，无风险报酬率指不存在风险的投资的回报率，如购买国家债券的报酬率；风险报酬率是投资者要求的由于承担风险而应当得到的补偿水平，是风险的函数。假设风险和风险报酬率呈正比例变动，则：

风险报酬率＝风险报酬斜率×风险程度

式中,风险程度一般用方差、标准差或变异系数来计量。风险报酬斜率也称风险报酬系数,取决于全体投资者的风险回避态度。如果投资者普遍愿意承担风险,则风险报酬斜率就小;反之,如果投资者普遍不愿意承担风险,则风险报酬斜率就大。

(2)风险程度的度量。

风险程度一般用标准差和标准差率(变异系数)来衡量。

① 标准差。

标准差是各种可能的报酬率偏离期望报酬率的综合差异,反映离散程度的大小。标准差越小,说明离散程度越小,风险也越小;反之,标准差越大,说明离散程度越大,风险也越大。标准差的计算公式如下:

$$\partial = \sqrt{\sum_{i=1}^{n}(x_i - \bar{x})^2 \times p_i}$$

② 变异系数。

标准差是反映离散程度的绝对量指标,只能用来比较期望报酬率相同的投资的风险程度。当各项投资的期望报酬率不同时,就不能用标准差来比较各项投资的风险程度。这时,应当用标准差率(变异系数)来比较各项投资的风险程度,变异系数越大,风险越大。

标准差率(变异系数),是标准差与期望报酬率的比值,其计算公式如下:

$$v = \frac{\partial}{\bar{x}} \times 100\%$$

③ 风险报酬率的计算。

风险报酬率的公式为:

$$R_r = bV$$

式中,R_r 为风险报酬率;b 为风险报酬系数;V 为标准差率(变异系数)。

风险报酬系数的确定,可以根据以往的同类项目加以确定。

在这种方法下,利用以往同类投资项目的数据资料,再依据公式 $R_r=bV$,得到:$b=R_r/V$。

在不具备适当历史数据的情况下,一般可以组织有关专家来确定风险报酬系数。例如,国家有关部门组织专家,根据各行业的影响因素来确定其风险报酬系数。

4. 资本成本及其构成

资金成本包括资金的使用费用和资金的筹集费用两部分,简称用资费用和筹资费用。

(1)用资费用。

用资费用,是指企业在生产经营、投资过程中因使用资金而支付的代价,如向股东支付的股利、向债权人支付的利息等。

(2)筹资费用。

筹资费用,是指企业在筹措资金过程中为获取资金而支付的费用,如向银行支付的借款手续费，因发行股票、债券而支付的发行费等。筹资费用与用资费用不同，它通常是在筹措资金时一次支付的，在用资过程中不再发生，与用资数量多少及用资时间长短没有直接关系。

5. 现金流量

现金流量，是指由于一项长期投资项目（或方案）而引起的在未来一定期间所发生的现金流出与现金流入量。其主要包括"初始投资""营业现金流量""终结回收"等。

（1）初始投资。

初始投资主要包括：① 固定资产投资，指建筑物和生产设备的购入或建造成本、运输成本、安装成本等。② 流动资产投资，指对原材料、在产品、产成品、存货和货币资金等流动资产的垫支。③ 其他投资，指与长期投资项目有关的谈判费、注册费、职工培训费等筹建费用。

（2）营业现金流量。

营业现金流量，是指投资项目在建成投产后的整个寿命周期内，由于开展正常生产经营活动而发生的现金流入与流出量，通常包括"现金流入量"（如销售收入）和"现金流出量"（如使用固定资产发生的各种付现成本和缴纳的税金）。

营业现金流量一般按年计算，"现金流入量"减去"现金流出量"的差额，习惯上称为各年的"现金净流量"（NCF）。

$$NCF = 现金流入量 - 现金流出量$$
$$= 营业收入 - 付现成本 - 所得税$$
$$= 税后净利 + 折旧$$

（3）终结回收。

终结回收，是指投资项目在寿命周期终了时发生的各项现金回收，如固定资产的残值或中途变价的收入，以及对原垫支的流动资金的回收。

例如，企业计划一项新的投资项目，第一、第二年年初各投资 480 万元，项目建设期为 2 年，建成后垫支流动资金 100 万元。项目寿命期为 10 年，每年可实现营业收入 380 万元，年付现成本为 100 万元。按直线方法提取折旧，残值为 50 万元。所得税税率为 25%。则：

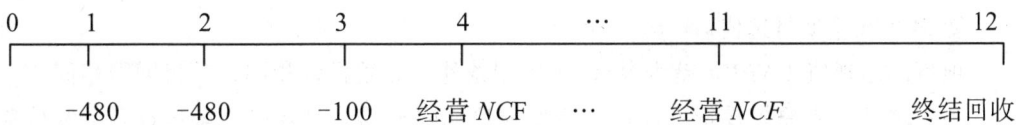

经营 NCF=380-100-（380-100-91）×25%=232.75（万元）
终结回收=50+100=150（万元）

（五）长期投资决策的方法

1. 静态分析方法

（1）回收期法。

① 各年现金净流量（NCF）相同：

$$\text{预计回收期} = \text{原始投资}/NCF$$

② 各年现金净流量（NCF）不相同：

例如，各年现金净流量分别为-100万元、10万元、30万元、40万元、50万元、60万元……则回收期=3+20/50=3.4（年）。

（2）平均投资报酬率法。

$$\text{平均投资报酬率} = \text{年平均净利}/\text{原始投资额}$$

或

$$= \text{年均现金流入量}/\text{原始投资额}$$

$$= \text{年均现金净流量}/\text{平均投资额}$$

2. 动态分析方法

（1）净现值法。

$$\text{净现值}（NPV） = \text{各期} NCF \text{的现值之和}$$

例如，相关项目的现金流量情况如下：

$NCF_{0-1} = -480$

$NCF_2 = -580$

$NCF_{3-11} = 232.75$

$NCF_{12} = 232.75 + 50 + 100$

若 $i=10\%$，则：

$NPV = -480 - 580 \times (F/P, 10\%, 2) + 232.75 \times (P/A, 10\%, 10) \times (F/P, i, 2) + 150 \times (F/P, 10\%, 12)$

净现值法的使用标准：

① 单一投资项目。

当项目的净现值（NPV）>0，则项目可行；

当项目的净现值（NPV）<0，则项目不可行。

② 多个互斥项目选优。

项目的净现值（NPV）越大越好。（应用条件：原始投资相同，项目期限相同。）

不足之处：当原始投资不同时，既使项目期限相同，也难以用来进行多个互斥项目的选优。因此，出现了现值指数法。

（2）现值指数法。

$$\text{现值指数}（PVI） = \text{未来报酬的总现值}/\text{原始投资的现值}$$

现值指数法的使用标准：

① 单一投资项目。

当现值指数（PVI）>1，则项目可行；

当现值指数（PVI）<1，则项目不可行。

② 多个互斥项目选优。

现值指数（PVI）越大越好。（应用条件：互斥项目期限相同。）

不足之处：当项目期限不相同，难以用来进行多个互斥项目的选优。因此，出现了内含报酬率法。

（3）内含报酬率法。

内含报酬率法也称内部收益率、内在收益率，指NPV=0时所对应的利率i。

计算时，一般采用插值法。

① 各年现金流量相同。

如原始投资200万元，每年NCF=80万元，项目寿命期为5年。则：

$(PA/A, i, n)$=200/80=2.5

② 各年现金流量相同，但期末有残值。

如上例中，项目期末残值为15万元。

则简化处理为：将残值平均到每年的NCF中，即：

平均NCF=80+15/5=83（万元），则：

$(P/A, i, n)$=200/83=2.41

③ 各年现金流量不同，则采取逐次测试的方法。

如i=10%，NPV=15

   i=13%，NPV=-10

则IRR介于10%和13%之间，可以进一步采用插值法计算。

（4）内含报酬率法的使用标准：

① 单一投资项目。

当内含报酬率（IRR）>资本成本率，则项目可行；

当内含报酬率（IRR）<资本成本率，则项目不可行。

② 多个互斥项目选优。

内含报酬率（IRR）越大越好。

不足之处：不容易计算，一般采用插值法计算。

3. 旧生产设备是否需要更新的决策

（1）若使用年限相同，则可以采用差量分析法。

例如，某台机器设备不进行更新改造所产生的现金流量。

NCF_{1-6}=298 000-225 000=73 000

更新后的现金流量：

$NCF_0 = -(300\,000 - 70\,000) = -230\,000$

$NCF_{1-5} = (298\,000 + 50\,000) - (225\,000 - 10\,000) = 133\,000$

$NCF_6 = 132\,000 + 15\,200 = 147\,200$

（2）差量现金流量。

$\Delta NCF_0 = -230\,000$

$\Delta NCF_{1-5} = 60\,000$

$\Delta NCF_6 = 75\,200$

（3）若使用年限不相同，则考虑设备的最优更新期。

（六）敏感性分析

1. 敏感性分析的含义

敏感性分析，是指通过测算判断投资项目对各相关因素的敏感性的过程。通过对投资项目的敏感性分析，投资者可以了解什么因素会对投资项目的结果产生显著影响，从而在决策过程中有针对性地对这些因素进行更细致的调查和分析，以提高预测的准确性，减少由于预测的偏差造成决策失误的可能性。

长期投资的敏感性分析包括两个方面：一是确定投资项目决策指标对各相关因素的敏感性；二是确定保持原决策结论不变时各相关因素的可变动范围。

2. 敏感性分析的内容

确定投资项目决策指标对各相关因素的敏感性。例如，某公司现有两个投资项目，Ⅰ项目投资额为 100 000 元，预测项目寿命为 8 年，每年现金净流量为 40 000 元；Ⅱ项目的净现值为 50 000 元。该公司选定的贴现率为 15%。

Ⅰ项目净现值为：

$NPV_Ⅰ = 40\,000 \times (P/A,\ 15\%,\ 8) - 100\,000$

$= 40\,000 \times 4.487 - 100\,000$

$= 79\,480$（元）

Ⅰ项目的净现值（79 492 元）大于零，且大于Ⅱ项目的净现值（50 000 元），说明该项目可以被接受，并且是最佳选择。

假定分析预测的结果表明，年现金净流量也可能只有 30 000 元，而项目寿命也可能只有 7 年，那么Ⅰ项目净现值对年现金净流量和项目寿命的敏感性分析如下：

（1）年现金净流量为 25 000 元时的净现值：

$NPV_Ⅰ = 30\,000 \times (P/A,\ 15\%,\ 8) - 100\,000$

$= 30\,000 \times 4.487 - 100\,000$

$= 34\,610$（元）

此时净现值大于零，Ⅰ项目仍然可以被接受，但由于小于Ⅱ项目的净现值而不再是最优方案。

（2）项目寿命为 7 年时的净现值：

$$NPV_I = 40\ 000 \times (P/A, 15\%, 7) - 100\ 000$$
$$= 40\ 000 \times 4.160 - 100\ 000$$
$$= 66\ 400（元）$$

此时净现值大于零，且大于Ⅱ项目的净现值，因此Ⅰ项目的可接受性和最优地位均未改变。

（3）项目年现金净流量为 30 000 元，寿命为 7 年时的净现值：

$$NPV_I = 30\ 000 \times (P/A, 15\%, 7) - 100\ 000$$
$$= 30\ 000 \times 4.160 - 100\ 000$$
$$= 24\ 800（元）$$

此时净现值大于零，但小于Ⅱ项目的净现值，说明Ⅰ项目仍可被接受，但不再是最优选择。

从上述计算结果可以看出，Ⅰ项目对年现金净流量的变动较为敏感。

三、案例示范及引导

DR 公司投资项目案例分析

当 DR 公司宣布取消其无烟香烟投资项目时，媒体称其为"令人震惊的新产品灾难"。在 DR 公司为期 8 个月的试销内，公司在该产品上已经花费了近 7 亿美元，公司甚至已经新建了一个工厂以便大批量生产该产品。这种新烟草产品有两个致命的弱点：必须要用一种特制的打火机才能点燃。另外，大部分人都不喜欢这种烟的味道。由于其无烟香烟只能加热，而不是燃烧烟草，而大多吸烟者恰恰喜欢的就是吸烟时吞云吐雾的感觉。这种香烟首次问世时，这些问题已经广为人知，但 DR 公司还是不惜往上大把砸钱。

那么究竟是什么原因导致公司高层无视这些弱点而在该产品上浪费了近 7 亿美元呢？行业观察家说，公司内部很多人都认识到了问题的严重性，但是没人愿意触怒高层。而高层管理者此时还沉浸在他们伟大的设想中，他们相信即使存在诸多问题，顾客还是会张开双臂欢迎这个新产品。有趣的是，DR 公司很多高层管理者都抽烟，但没有人抽这种无烟香烟。

虽然 DR 公司所在的是一个高利润空间的市场，而且每年有数十亿美元的现金流入，在引进无烟香烟生产线时，公司经营状况并不尽如人意。当然，无烟香烟项目并没有搞垮 DR 公司，但其对热心于该计划的高层管理者却是沉重的一击。

不幸的是，DR 公司似乎试图挽救第一次无烟香烟投资的失败。8 年后，该公司又引进了第二个无烟香烟项目，DR 公司再次投入了 3 亿美元，但都留下了烂摊子。持续时间也和第一个项目相差无几，都只有几个月。

【案例分析】

同学们试想，如果 DR 公司的高层管理者在项目投资之前能够进行项目投资分析，也许他们就不至于会在无烟香烟项目上白白浪费了这么多资金。相反，他们也许会发现，由于所产生的现金流量不足以弥补初始投资，因而该项目最初就应该被否决。

FT 公司液压部件车间更新案例

FT 公司计划对其液压部件生产车间进行改造，公司打算变卖一套尚可使用 5 年的旧设备，另购置一套新设备来替换它。取得新设备的投资额为 360 000 元；旧设备的折余价值为 190 000 元，其变价净收入为 160 000 元；第 5 年年末新设备与继续使用旧设备的预计净残值相等。新旧设备的替换将在年内完成（即更新设备的建设期为零）。

使用新设备可使企业在第 1 年增加营业收入 100 000 元，增加经营成本 50 000 元；第 2—5 年内每年增加营业收入 120 000 元，增加经营成本 60 000 元。设备采用直线法计提折旧。适用的企业所得税税率为 25%。假设行业基准折现率为 9%。

现在 FT 公司零件部门的张经理就上述问题征求了财务部王×的意见，如果你是王×，应该帮助张经理如何进行决策？

【案例分析】

（1）依题意计算以下指标：

更新设备比继续使用旧设备增加的投资额=新设备的投资-旧设备的变价净收入
=360 000-160 000
=200 000（元）

运营期第 1—5 每年因更新改造而增加的折旧 = 200 000/5 = 40 000（元）

运营期第 1 年总成本费用的变动额=该年增加的经营成本+该年增加的折旧
=50 000+40 000
=90 000（元）

运营期第 2—5 年每年总成本费用的变动额= 60 000+40 000 = 100 000（元）

因旧设备提前报废发生的处理固定资产净损失=旧固定资产折余价值-变价净收入
=190 000-160 000
=30 000（元）

因旧固定资产提前报废发生净损失而抵减的所得税额=旧固定资产清理净损失×适用的企业所得税税率
=30 000×25%
=7500（元）

运营期第 1 年息税前利润的变动额=100 000-90 000 = 10 000（元）

运营期第 2—5 年每年息税前利润的变动额 = 120 000-100 000 = 20 000（元）

建设期差量净现金流量为：

$\Delta NCF_0 = -$（该年发生的新固定资产投资-旧固定资产变价净收入）

$\qquad = -$（360 000-160 000）

$\qquad = -200\ 000$（元）

运营期差量所得税后净现金流量为：

$\Delta NCF_1 =$ 该年因更新改造而增加的息税前利润×（1-所得税税率）+

　　　　该年因更新改造而增加的折旧+

　　　　因旧固定资产提前报废发生净损失而抵减的所得税额

$\qquad = 10\ 000×$（1-25%）$+40\ 000+7500$

$\qquad = 55\ 000$（元）

$\Delta NCF_{2-5} =$ 该年因更新改造而增加的息税前利润×（1-所得税税率）+该年因更新改造而增加的折旧+该年回收新固定资产净残值超过假定继续使用的旧固定资产净残值之差额

$\qquad = 20\ 000×$（1-25%）$+40\ 000$

$\qquad = 55\ 000$（元）

（2）根据 ΔNCF 计算 ΔIRR：

$(P/A,\ \Delta IRR,\ 5) = 200\ 000/55\ 000 = 3.6364$

因为 $(P/A,\ 10\%,\ 5) = 3.7908 > 3.6364$

　　　$(P/A,\ 12\%,\ 5) = 3.6048 < 3.6364$

故 $10\% < \Delta IRR < 12\%$，应用内插法：

$$\Delta IRR = 10\% + \frac{3.7908 - 3.6364}{3.7908 - 3.6048} × (12\% - 10\%) \approx 11.66\%$$

（3）比较并进行决策。

行业基准折现率为9%，

因为 $\Delta IRR = 11.66\% > 9\%$，

故，应当更新设备。

四、案例实训演练

GD 鲜奶厂新建生产线项目决策

GD 鲜奶厂是生产鲜奶的中型企业，该厂生产的鲜奶新鲜纯正，价格合理。长期以来供不应求。为了扩大生产能力，鲜奶厂准备新建一条生产线。

陈×是该厂的助理会计师，主要负责筹资和投资工作。总会计师赵×要求陈×搜集建设新生产线的有关资料，并对投资项目进行财务评价，以供厂领导决策。

陈×经过十几天的调查研究，得到以下有关资料：

（1）投资新的生产线需一次性投入1200万元，建设期1年，预计可使用10年，报废时无残值收入；按税法要求该生产线的折旧年限为8年，使用直线法提折旧，残值率为10%。

（2）购置设备所需的资金通过银行借款筹措，借款期限为4年，每年年末支付利息100万元，第4年年末用税后利润偿付本金。

（3）该生产线投入使用后，预计可使工厂第1—5年的销售收入每年增长800万元，第6—10年的销售收入每年增长1000万元，耗用的人工和原材料等成本为收入的65%。

（4）生产线建设期满后，工厂还需垫支流动资金280万元。

（5）所得税税率为25%。

（6）银行借款的资金成本为10%。

要求：请你帮助陈×预测新的生产线投入使用后，能够为该厂未来10年增加的净利润，并根据该项目各年的现金流量，计算净现值，评价项目是否可行。

$(P/A, 10\%, 1) = 0.9091$，$(P/A, 10\%, 4) = 3.1699$，$(P/A, 10\%, 5) = 3.7908$，
$(P/F, 10\%, 1) = 0.9091$，$(P/F, 10\%, 4) = 0.6830$，$(P/F, 10\%, 5) = 0.6209$，
$(P/F, 10\%, 6) = 0.5645$，$(P/F, 10\%, 11) = 0.3505$

提示：

（1）净利增加=（增加的收入-增加的成本）×（1-所得税率）。

（2）NCF=净利+折旧+利息（年初、年末除外）。

（3）$NCF>0$时还应考虑相关因素再进行决策。

JN 电视机生产线项目投资决策

JN 电视机制造厂是生产电视机的大型企业，该厂生产的电视机质量优良，价格合理，长期以来供不应求。为扩大生产能力，厂家准备新建一条生产线。负责这项投资工作的总会计师经过调查研究后，得到如下有关资料：

（1）该生产线的原始投资额为 1250 万元，分两年投入。第一年年初投入 1000 万元，第二年年初投入 250 万元。第二年年末项目完工可以试投产使用，投产后每年可生产电视机 10 000 台，每台销售价格为 3000 元，每年可获销售收入 3000 万元，投资项目可使用 5 年，残值 250 万元，垫支流动资金 250 万元，这笔资金在项目结束时可全部收回。

（2）该项目生产的产品总成本的构成如下：

材料费用　　2000 万元
制造费用　　200 万元
人工费用　　300 万元
折旧费用　　200 万元

总会计师通过对各种资金来源进行分析，得出该厂加权平均的资金成本为 10%。

同时还计算出该项目的营业现金流量、现金流量、净现值，并根据其计算的净现值，认为该项目可行。有关数据见表 6-1 ~ 6-3。

表 6-1　投资项目营业现金流量计算表　　　　　单位：万元

项目	第 1 年	第 2 年	第 3 年	第 4 年	第 5 年
销售收入	3000	3000	3000	3000	3000
现付成本	2500	2500	2500	2500	2500
其中：材料费用	2000	2000	2000	2000	2000
人工费用	300	300	300	300	300
制造费用	200	200	200	200	200
折旧费用	200	200	200	200	200
税前利润	300	300	300	300	300
所得税（25%）	75	75	75	75	75
税后利润	225	225	225	225	225
现金流量	425	425	425	425	425

表 6-2　投资项目现金流量计算表　　　　　单位：万元

项目	投资建设期			经营期				
	0	1	2	3	4	5	6	7
初始投资	-1000	-250						
流动资金投资			-250					
营业现金流量				425	42.5	425	425	425

续表

项目	投资建设期			经营期				
	0	1	2	3	4	5	6	7
设备残值								250
流动资金回收								250
现金流量合计	-1000	-250	-250	425	425	425	425	925

表 6-3　投资项目净现值计算表　　　　　　　　　单位：万元

时间	现金流量	10%贴现系数	现值
0	-1000	1.0000	-1000
1	-250	0.9091	-227.28
2	-250	0.8264	-206.60
3	425	0.7513	319.30
4	425	0.6830	290.28
5	425	0.6209	263.88
6	425	0.5645	239.91
7	925	0.5312	491.36
净现值			170.85

（3）厂部中层干部的意见。

经营副总认为，在项目投资和使用期间，通货膨胀率大约在 10%，将对投资项目各有关方面产生影响；

基建处长认为，由于受物价变动的影响，初始投资将增长 10%，投资项目终结后，设备残值也将增加到 375 万元；

生产处长认为，由于物价变动的影响，材料费用每年将增加 14%，人工费用也将增加 10%；

财务处长认为，扣除折旧后的制造费用，每年将增加 4%，折旧费用每年仍为 200 万元；

销售处长认为，产品销售价格预计每年可增加 10%。

JN 电视机的总会计师应根据厂部中层干部的意见，找出影响投资项目的各因素后，再重新进行投资项目的现金流量及净现值的测算，以便为厂领导提供更为有力的决策依据。

要求：

（1）分析、确定影响 JN 电视机投资项目决策的各因素。

（2）根据影响 JN 电视机投资项目的各因素，重新计算投资项目的现金流量、净现值等。

（3）根据分析、计算结果，确定 JN 电视机项目的投资决策。

（4）探讨 JN 电视机投资决策时为什么要分析计算现金流量？

HT 集团项目投资管理案例

HT 集团有限公司成立于 1993 年，公司励精图治、开拓进取，员工总人数 6000 余人，现有下属控股、关联企业十余家，获得了一级开发商、一级管理商资质和国家商务部 AAA+企业诚信等级，HT 品牌也被权威部门评定价值 8 亿元。如今，HT 集团已发展成为以房地产开发为核心，以住宅开发和服务为主导，商业地产开发为辅助，以高科技产品、绿色保健品开发为重要组成部分，集科工、贸、房地产、教育、文化、服务、运输等为一体的多元化产业集团。

HT 保健品股份有限公司为 HT 集团下属全资子公司，公司成立于 1996 年，历经二十余年发展，已成为一家集研发、生产和销售为一体的专业保健品企业。

HT 保健品股份有限公司坐落于成都，拥有占地近 600 亩、投资近 6 亿元的绿色饮品基地。公司致力于绿色饮品的研发，坚持开发具有特色的健康饮品，先后推出饮用矿泉水、植物蛋白饮品等绿色饮品，目前拥有 HT 矿泉水系列产品、妙味植物蛋白饮品等产品系列。

HT 集团以尖端的生物技术为依托，吸收中医学精华，开发出具有降低血脂、延缓衰老、抗肿瘤、润肠通便等功能的高品质系列保健品，并从国外引进先进的生产设备和工艺，建立了严格的品质管理体系，公司已通过了国际化标准的 ISO9002 质量体系认证。为保证公司长远有序的发展，HT 集团已在十几个国家办理了商标注册。

2016 年，HT 保健品项目投资部认真调查了市场目前和潜在的需求情况，准备投资开发新的项目，挖掘集团新的利润增长点。

项目团队通过搜集的资料发现，据世界卫生组织统计，50 岁以上的人中，胃病的发病率为 60%，55 岁以上的，发病率在 80% 以上。据估计，我国有超过一亿的病人。所以，项目团队认为应该抢抓机遇，进军胃病保健品市场。

项目团队经过调研制定了两套固定资产投资方案：

（1）甲方案：

原始投资共有 10 000 万元（全部来源于自有资金），其中包括：固定资产投资 8000 万元，流动资金投资 2000 万元。

该项目的建设期为 2 年，经营期为 10 年。固定资产分两年平均投入，流动资金投资在项目完工时（第二年年末）投入。

固定资产的寿命期限为 10 年（考虑预计的净残值），流动资产于终结点一次收回。预计项目投产后，每年发生的相关营业收入（不含增值税）和经营成本分别为 6000 万元和 2000 万元，所得税率为 25%，该项目不享受减免所得税的待遇。

该行业的基准折现率为 14%。

（2）乙方案：

比甲方案多加 800 万元的固定资产投资，建设期为 1 年，固定资产开始时一次投入，流动资金在建设期末投放，经营期不变，经营期各年的现金流量为 3000 万元，其他条件不变。

目前,HT 集团的固定资产已占总资产的 15%左右,集团已经形成了自己的一套固定资产的管理方法:公司的固定资产折旧按平均年限法计提,净残值率按原值的 10%确定。折旧年限分为:房屋建筑物为 20 年;机器设备、机械和其他生产设备为 10 年;电子设备、运输工具以及与生产经营有关的器具、工具、家具为 5 年。

要求:

(1)假如 HT 集团有能力打入胃病保健品市场,请你帮助项目团队对甲、乙两个固定资产投资方案进行财务可行性分析,计算 NPV、PI、IRR 等财务指标。

(2)根据计算所得,你会选择哪个方案进行投资?

第六单元　长期投资决策模拟实验

第七单元　全面预算管理

一、实训目的

通过本单元的实训，学生能够从总体上掌握全面预算体系的具体内容，掌握业务预算、财务预算的编制方法，掌握固定预算、弹性预算、零基预算、增量预算、定期预算和滚动预算等编制方法，并将所学理论知识用于实训操作中；同时，学生也能认识到全面预算管理工作在企业生产经营中的重要性，认识预算管理在企业管理控制系统中的核心地位，从而增强岗位技能，提升职业能力。

二、知识回顾

（一）全面预算的内涵

全面预算是由一系列相互联系的预算构成的体系，是以货币及数量形式反映企业未来一段期间内全部经营活动及成果的具体目标及数量说明，是对现代企业经营决策的具体化和数量化。

编制全面预算对明确企业经营目标、协调各部门之间的关系、控制日常经营活动、评价企业实际工作业绩等都具有极其重要的作用，对完善公司治理结构、建立现代企业制度、提高公司核心竞争力都具有重大意义。

（二）全面预算体系

全面预算体系按其涉及的业务活动内容分为业务预算、专门决策预算和财务预算。

1. 业务预算

业务预算又称经营预算，主要是指反映企业从事生产经营活动而发生的生产、销售、收入和费用方面的预算。企业首先以市场需求的研究和预测为基础，从企业经营目标出发，以销售预算为起点，再"以销定产"，逐步展开其他预算。业务预算内容主要是生产经营活动对企业财务状况和经营成果的影响。

业务预算包括销售预算、生产预算、直接材料预算、直接人工预算、制造费用预算、产品成本预算、销售及管理费用预算。

2. 专门决策预算

专门决策预算又叫资本支出预算，主要是指对企业的长期投资活动所做的预算。

它是反映长期投资项目的投资计划和预期费用的金额及支付时间等的预算,该类预算不经常发生,预算期限通常跨越多个年度。

3. 财务预算

财务预算主要反映企业在预算年度有关现金收支、财务状况和经营成果方面的预算,通常包括现金预算、预计利润表和预计资产负债表。财务预算是全面预算体系的最后环节,在全面预算体系中有着举足轻重的地位。

(三)预算编制的程序

企业编制预算,一般应按照"上下结合、分级编制、逐级汇总"的程序进行。

1. 下达目标

企业董事会或经理办公会根据企业发展战略和预算期经济形势的初步预测,在决策的基础上提出下一年度企业财务预算目标,包括销售目标、成本费用目标、利润目标和现金流量目标,并确定财务预算编制的政策,由预算管理层下达给各部门。

2. 编制上报

各部门按照预算管理层下达的财务预算目标和政策,结合自身特点以及预测的执行条件,提出本部门详细的财务预算方案上报企业财务管理部门。

3. 审查平衡

企业财务管理部门对各部门上报的财务预算方案进行审查、汇总,提出综合平衡的建议。在审查、平衡过程中,预算管理层应当进行充分协调,对发现的问题提出初步调整的意见,并反馈给各有关部门予以修正。

4. 审议批准

企业财务管理部门在各部门修正调整的基础上,编制企业财务预算方案,报预算管理委员会讨论。对于不符合企业发展战略或者财务预算目标的事项,企业预算管理委员会应当责成有关部门进一步修订、调整。在讨论、调整的基础上,企业财务管理部门正式编制企业年度财务预算草案,提交董事会或总经办审议批准。

5. 下达执行

企业财务管理部门对董事会或总经理办公会审议批准的年度总预算,分解成一系列的指标体系,由财务预算管理委员会逐级下达各部门执行。

(四)预算编制的方法

预算对象不同,预算编制方法也不同。常用的预算编制方法有增量预算、零基预算、弹性预算、固定预算、定期预算、滚动预算。

1. 增量预算

增量预算是把预算期上一年度实际发生数作为基数，以预算年度企业内外部环境对业务的影响程度作为调整依据进行编制预算的方法。"认为过去发生的是合理的"是使用增量预算方法的前提条件，适用于影响因素简单和以前年度基本合理的预算指标。

合理使用增量法，可以减少预算编制的工作量。但运用增量预算法编制预算，当预算期的情况发生变化，预算数额就会受到基期不合理因素的干扰，可能导致预算的不准确，不利于调动各部门达成预算目标的积极性。

2. 零基预算

零基预算"只考虑未来需求，不考虑历史惯性"，是指以零为起点对预算期内各项收支的可行性、必要性、合理性进行逐项审议，予以确定收支水平的预算，一般适用于预算编制基础变化较大的预算项目，适用于以前年度可能存在不合理或潜力比较大的预算指标编制；但使用周期不宜过短，否则会增加工作量。

零基预算是相对于传统预算中的增量预算的缺陷而产生的。从表面上看，零基预算以"零"为基础，对所有业务都重新进行仔细审查、分析与考核。但其实质是建立在对预算年度计划实施的所有业务事项进行严格审核、评估基础上来编制预算的一种方法。这样既能突破原有不合理的惯例，又能使人们充分发挥各自的积极性、创造性，还能使人们精打细算，开源节流，提高资源的使用效率。

3. 弹性预算

弹性预算法，又叫动态预算法，是在按照成本（费用）习性分类的基础上，根据量、本、利之间的依存关系编制的预算，一般适用于与业务量有关的成本（费用）、利润等预算项目，主要适用于变动成本费用预算的编制。

理论上，所有预算都可采用弹性预算的方法。但在实际工作中，弹性预算多用于成本、费用、利润预算的编制。弹性预算的主要优点是，可以反映一定范围内各业务量水平下的预算，扩大了预算的适用范围，为执行结果同预算目标的比较提供了一个动态的基础，从而能更好地履行预算的控制与业绩评价职能，适应性强，但是编制工作量较大。

4. 固定预算

固定预算，又称静态预算，是以预算期内正常、可实现的某一业务量（如生产量、销售量）水平作为唯一基础，以上期实际业绩为依据，以单一的会计年度为预算期，确定各项预算指标数据的方法。固定成本费用预算的编制通常适用固定预算编制方法。该方法适用于业务稳定、变动幅度不大的企业。

由于固定预算方法的特性，其不能实时反映市场状况变化对预算执行的影响。当实际业务量偏离固定预算所采用的某一固定业务量较大时，预算便无法实现其控制考评的职能，也就无法为企业的战略目标服务。

5. 定期预算

定期预算，也称阶段性预算，是指在编制预算时以不变的会计期间（如日历年度）作为预算期的一种编制预算的方法。定期预算能保证预算期间与会计期间在时期上的配比，便于依据会计报告的数据与预算的比较，考核和评价预算的执行结果，适用于固定资产、部门费用、咨询费、保险费、广告费等预算的编制。合理使用定期预算，可以减少预算编制的工作量，但不利于前后各个期间的预算衔接，不能适应连续不断的业务活动过程的预算管理。

6. 滚动预算

滚动预算，又称连续预算或永续预算，是指在编制预算时，将预算期与会计年度脱离开，随着预算的执行不断延伸补充预算，逐期向后滚动，使预算期始终保持为一种在一个固定期间的预算编制方法。此方法适用于定期预算以外的指标预算的编制。该类预算通常按季度滚动，每季度第三个月中旬着手滚动预算工作。公司全面预算管理在实行两三年后应采用滚动预算编制方法，并进行动态考核，始终保持预算的完整性、连续性，在动态中把握企业的未来，从而使管理层保持对未来一定时期的生产经营活动做周详的考虑和全盘规划，保证企业的各项工作有条不紊地进行。

三、案例示范及引导

YD 公司全面预算编制

全面预算的各项具体预算之间是前后衔接、环环相扣的，从而形成了一个完整的全面预算体系。下面以 YD 公司生产 A 产品预算编制为例，YD 公司每期在进行全面预算编制时，从销售预算开始，到财务报表预算为终点，主要内容如下。

1. 销售预算

销售预算是 YD 公司在预算期销售 A 产品可能实现的销售量及其销售收入的预算，依据年度目标利润、预测的市场销量及提供的产品结构以及市场价格编制。销售预算是全面预算的起点，也是编制后续其他预算的基础。

A 产品预计销售收入＝预计销售量×预计销售单价

A 产品当期现金收入＝当期现销收入＋收回前期的赊销

2. 生产预算

生产预算是为规划预算期生产水平而编制的一种日常业务预算。由于产品的生产和销售密切相关，生产预算是在销售预算的基础上编制的。但是 YD 公司历年关于 A 产品的产销数据表明，生产与销售通常不可能做到产销完全一致，就需要存储一定的存货，以保证生产均衡。生产预算的主要内容有预计销售量、期初结存量、期末结存量和预计生产量。

$$A产品本期生产量=预计销售量+预计期末结存量-预计期初结存量$$

其中，预计销售量来源于销售预算表。预计期初结存量即上期期末结存量。预计期末结存量应该根据 A 产品的长期销售趋势来确定，YD 公司一般按照事先估计的期末结存量占下期销售量比重进行估算。

3. 直接材料预算

直接材料预算是一项采购预算，以生产预算为基础编制，主要用于确定预算期材料采购量、采购成本以及相关的现金支出。预计材料生产耗用量依据 A 产品的预计生产量和单位产品材料用量来确定；预计材料采购量由预计材料生产耗用量结合材料期初期末结存情况确定；材料采购成本由预计材料采购量和预计材料单价确定，预计材料单价一般从 YD 公司采购部门获得；预期与材料采购有关的现金支出包括本期材料采购中应由本期支付的现金和上期材料采购中应于本期支付的现金。

$$预计材料采购量=生产需用量+期末结存量-期初结存量$$
$$材料采购支出=当期现购支出+支付前期赊购$$

4. 直接人工预算

直接人工预算以生产预算为基础编制，主要用于确定生产所需消耗的直接人工工时和人工成本水平。直接人工总工时由 A 产品预计生产量与单位产品工时确定；直接人工成本由直接人工总工时与单位工时工资率确定，单位工时工资率一般从公司生产管理部门和工程技术部门获得。

$$A产品直接人工总工时=预计生产量×单位产品标准工时$$
$$预计直接人工成本=预计直接人工总工时×单位工时工资率$$

对于直接人工预算涉及的现金支出，通常认为预算期间的直接人工成本全部以现金发放，因此 A 产品预计直接人工成本将直接计入现金预算表。

5. 制造费用预算

制造费用是指在生产产品过程中发生的除了直接材料和直接人工以外的其他间接费用，通常按成本性态分为变动制造费用和固定制造费用。YD 公司对制造费用预算采用不同的预算编制方法，分别编制固定制造费用预算和变动制造费用预算。

变动制造费用以生产预算为基础编制，通常应区分不同费用项目，主要包括间接材料、间接人工、维修费、水电费等项目，确定各费用项目的变动制造费用预算数。各费用项目的变动制造费用预算数由变动制造费用分配率和业务量（如直接人工总工时）共同确定。

$$A产品变动制造费用分配率=变动制造费用预算合计/预计业务量$$

固定制造费用主要包括车间管理费用、折旧费用、租金、财产税等。固定制造费用需要逐项进行预计，通常与本期生产量无关，可按各期生产需要的情况加以预计，然后求出全年数。

在编制制造费用预算时，同时应考虑与制造费用预算有关的现金支出部分。制造费用中的非付现费用，如折旧费在计算现金支出时应予以扣除。

$$A产品预计制造费用现金支出＝预计业务量×预计变动制造费用分配率＋\\预计付现的固定制造费用$$

6. 单位产品生产成本预算

单位产品生产成本预算根据销售预算、生产预算、直接材料预算、直接人工预算和制造费用预算汇总编制。

$$预计单位产品生产成本＝单位产品直接材料＋单位产品直接人工＋\\单位产品（变动）制造费用$$

YD 公司采用变动成本法计算产品成本，所以上述公式中的制造费用部分仅包含单位产品变动制造费用。

$$期末存货成本＝单位产品生产成本×期末产品结存量$$

7. 销售及管理费用预算

销售费用是为了实现销售预算而支付的费用。销售费用预算的编制以销售预算为基础。编制销售费用预算时，要对过去的销售费用进行分析，考察过去销售费用支出的必要性和效果。具体编制时，销售费用同制造费用一样，需要划分固定费用和变动费用两部分。

管理费用是为维持一般行政管理工作而必须支出的费用。编制管理费用预算时，要分析企业的业务成绩和一般经济状况，尽量使费用合理化。管理费用多属于固定成本，具体编制时，也同制造费用一样，需要划分固定费用和变动费用。

在编制销售及管理费用预算时，同时应考虑与销售及管理费用预算有关的现金支出部分。销售及管理费用中的非付现费用，如折旧费在计算现金支出时应予以扣除。

$$预计销售及管理费用现金支出＝变动销售及管理费用合计＋\\付现的固定销售及管理费用$$

8. 专门决策预算

专门决策预算又叫资本支出预算，主要是对企业的长期投资活动所做的预算，是反映长期投资项目的投资计划和预期费用的金额及支付时间等的预算。该类预算不经常发生，预算期限通常跨越多个年度。

9. 现金预算

现金预算是以日常业务预算和专门决策预算为编制基础，用以反映预算期内全部现金收入和支出，以及为满足理想现金余额的预算。现金预算主要由可供使用的现金、现金支出、现金余缺、现金的筹措与运用等四个部分组成。可供使用的现金部分包括期初现金余额和预算期间的现金收入。

可供使用现金=期初现金余额+现金收入

可供使用现金-现金支出=现金余缺

YD 公司财务管理部门根据现金余缺情况与期末现金余额的要求进行比较分析，以确定预算期间现金投放或筹措。当现金余缺大于期末现金余额时，应进行现金投放；当现金余缺小于期末现金余额时，应进行现金筹措。

现金余缺+现金筹措-现金运用=期末现金余额

10. 预计利润表

预计利润表用来综合反映企业在计划期间的预计经营成果，其编制依据是日常业务预算、专门决策预算和现金预算。

需要注意的是，在编制预计利润表的过程中，所得税费用是估算出来的，而不是根据税前利润乘以所得税率计算而来的。

11. 预计资产负债表

预计资产负债表用来反映企业在预算期末的预计财务状况。预计资产负债表编制以预算期期初的资产负债表为基础，结合预算期间各项业务预算、专门决策预算、现金预算和预计利润表进行编制。它是全面预算的终点。

四、案例实训演练

HM 集团的费用预算

HM 集团主要经营数码相机、手机、电脑及相关配套器件的研发、生产业务，以及技术咨询服务。集团内采用的预算编制方法主要有增量预算、零基预算、弹性预算和滚动预算法。集团下属公司 2017 年的部分费用预算资料如下。

资料一：集团下属 A 公司只生产甲产品，甲产品的制造费用包括变动费用和固定费用，以往年度采用固定预算法编制。由于市场环境发生变化，公司发现近些年实际收入、成本费用及利润等财务指标与预算差异较大，因此 2017 年公司决定对甲产品的制造费用由固定预算法改用弹性预算法进行编制。制造费用相关数据如表 7-1 所示。

表 7-1 A 公司 2017 年度制造费用资料　　　　　　　　单位：元

费用项目	固定费用	单位变动费用/（元/机器工时）
间接人工		5
间接材料		6

续表

费用项目	固定费用	单位变动费用/（元/机器工时）
修理费用		3
水电费用	20 000	4
其他	15 000	2
折旧费用	32 000	
管理费用	21 000	
保险费用	6000	
合计	94 000	20

资料二：A 公司 2017 年度销售和行政管理费用预算采用零基预算法进行编制。按照企业在预算年度的经营目标以及销售、行政管理部门分别承担的具体任务，再根据销售部门与行政管理部门的领导及下属员工的工作计划并集体讨论，具体确定了六项必须开支的费用，包括商品包装费、广告宣传费、销售及管理人员培训费、驻外地推销机构租金、差旅费和办公费。其中，商品包装费、广告宣传费、销售及管理人员培训费属于酌量性成本，驻外地推销机构租金、差旅费和办公费属于约束性成本。费用开支明细如表 7-2 所示。

表 7-2　A 公司销售及管理费用开支明细表　　　　　　　单位：元

费用项目	金额
商品包装费	40 000
广告宣传费	25 000
销售及管理人员培训费	25 000
驻外地推销机构租金	10 000
差旅费	8000
办公费	12 000
合计	120 000

资料三：集团下属 B 公司采用滚动预算法对制造费用进行预算编制。B 公司 2017 年度各季度的制造费用预算如表 7-3 所示。

表 7-3　B 公司 2017 年度制造费用预算　　　　　　　单位：元

项目	第一季度	第二季度	第三季度	第四季度	全年
直接人工预算总工时	22 800	24 120	24 720	25 200	96 840
变动制造费用					
间接材料费用	100 320	106 128	108 768	110 880	426 096
间接人工费用	91 200	96 480	98 880	100 800	387 360
水电与维修费用	77 520	82 008	84 048	85 680	329 256

续表

项目	第一季度	第二季度	第三季度	第四季度	全年
小计	269 040	284 616	291 696	297 360	1 142 712
固定制造费用					
折旧费用	70 000	70 000	70 000	70 000	280 000
设备租金	67 200	67 200	67 200	67 200	268 800
管理人员工资	34 000	34 000	34 000	34 000	136 000
小计	171 200	171 200	171 200	171 200	684 800
制造费用合计	440 240	455 816	462 896	468 560	1 827 512

2017 年第一季度末，B 公司在编制 2017 年第二季度到 2018 年第一季度末滚动预算时，发现在未来四个季度中将出现下列变化：

（1）间接材料费用预算工时分配率与间接人工费用预算工时分配率将同时上涨 20%；

（2）由于 2017 年第一季度末有部分设备报废，新设备短期无法到位，B 公司下一滚动期间的折旧费用将降低 10%；

（3）假定水电与维修费用预算工时分配率等其他条件保持不变。下一滚动期间即未来四个季度的预计直接人工总工时如表 7-4 所示。

表 7-4　A 公司 2017 年度制造费用弹性预算表（公式法）　　　单位：元

费用项目	a	b
间接人工		
间接材料		
修理费用		
水电费用		
其他		
合计		
折旧费用		
管理费用		
保险费用		
水电费用		
其他		
合计		

要求：

（1）假设 A 公司 2017 年度机器工时的变动范围为 20 000～30 000 工时，根据资料一用公式法编制其制造费用弹性预算。

（2）假设 A 公司 2017 年度机器工时分别为 20 000 工时、25 000 工时、30 000 工时，根据资料一用列表法编制其制造费用弹性预算。（见表 7-5）

表 7-5 A 公司 2017 年度制造费用弹性预算表（列表法） 单位：元

项目	固定费用	单位变动费用	不同业务量水平上制造费用的弹性预算		
业务量（机器工时）			20 000	25 000	30 000
变动费用：					
间接人工	—	5			
间接材料	—	6			
修理费用	—	3			
水电费用	—	4			
其他	—	2			
小计	—	20			
固定费用：					
折旧费用	32 000	—			
管理费用	21 000	—			
保险费用	6000				
水电费用	20 000				
其他	15 000				
小计	94 000				
制造费用合计					

（3）根据资料二，完成对 A 公司酌量性固定成本项目的成本效益分析表。同时将 A 公司 2017 年所有销售及管理费用按照性质和轻重缓急，划分开支等级并排出先后顺序。（见表 7-6）

表 7-6 A 公司有关费用成本效益分析表

项目	每期平均费用发生额	每期平均收益额	收益与成本的比率
商品包装费	60 000	720 000	
广告宣传费	21 000	210 000	
销售及管理人员培训费	30 000	300 000	

（4）假定 A 公司在预算年度可用于销售及管理费用的资金数额为 100 000 元，根据已确定的各费用等级和先后顺序在有限的额度内分配落实各项费用的预算资金。

（5）简述弹性预算的优点。

（6）简述零基预算的编制步骤。

（7）根据资料三，完成下列要求：

① 以直接人工工时为分配标准，计算下一滚动期间的间接材料费用预算工时分配率和间接人工费用预算工时分配率；

② 以直接人工工时为分配标准，计算下一滚动期间的水电与维修费用预算工时分配率；

③ 计算下一滚动期间的间接材料费用总预算额和间接人工费用总预算额；

④ 计算下一滚动期间每个季度的折旧费用预算额；

⑤ 若 B 公司 2017 年第二季度到 2018 年第一季度预计直接人工总工时分别为 24 200 小时、24 650 小时、25 200 小时和 26 150 小时。编制完成 2017 年第二季度至 2018 年第一季度制造费用预算。（见表 7-7）

表 7-7 B 公司 2017 年第二季度至 2018 年第一季度制造费用预算　　　单位：元

项目	2017 年度			2018 年度	合计
	第二季度	第三季度	第四季度	第一季度	
直接人工预算总工时（工时）	24 200	24 650	25 200	26 150	100 200
变动制造费用					
间接材料费用					
间接人工费用					
水电与维修费用					
小计					
固定制造费用					
折旧费用					
设备租金					
管理人员工资					
小计					
制造费用合计					

第七单元　全面预算管理

XW 公司全面预算管理

XW 公司 2017 年只生产和销售单一 B 产品,根据本企业以往的产品销售情况,结合市场环境分析,预计各季度的销售量和销售单价的部分资料如表 7-8 所示。据历史经验估计,每个季度的 B 产品销售货款中有 70%于当期收到现金,剩余 30%当期赊销,于下个季度全部收回。预算年度期初应收账款余额为 60 000 元。

表 7-8 XW 公司 2017 年度销售情况预测表

项目	第一季度	第二季度	第三季度	第四季度	合计
预计销售量/件	2400	3600	4500	3000	13 500
销售单价/元	50	50	50	50	50

假定 XW 公司预算年度内每季度末产品结存量是下一季度预计销售量的 10%,年初 B 产品结存量为 240 件,年末库存量预计为 400 件。

XW 公司生产 B 产品仅消耗一种材料甲材料,单位产品材料消耗定额为 10 千克,每千克单价为 2 元,期末始终保持 1200 千克的甲材料安全库存量。根据以往经验,材料采购的货款中有 60%在本季度内支付现金,剩余 40%当期赊购,于下个季度全部付清,应付账款期初余额为 20 000 元。

生产每单位 B 产品消耗人工工时为 2 小时,每小时人工成本为 5 元。

2017 年度制造费用明细如表 7-9 所示。

表 7-9 XW 公司 2017 年度制造费用明细表　　　　单位:元

变动制造费用项目	金额	固定制造费用项目	金额
间接材料	21 000	维修费用	4920
间接人工	16 000	折旧费用	10 000
维修费用	3312	管理人员工资	9700
水电费用	3400	保险费用	8000
		设备租金	8480
小计	43 712	小计	41 100
制造费用总计			84 812

2017 年度销售及管理费用明细如表 7-10 所示。

表 7-10 XW 公司 2017 年度销售及管理费用明细表　　　　单位:元

变动费用项目	金额	固定费用项目	金额
销售人员工资	20 000	广告费用	6000
运输费用	16 250	管理人员工资	6500
其他	11 000	办公费	1000
		保险费	4500

续表

变动费用项目	金额	固定费用项目	金额
		折旧费	6000
小计	47 250	小计	24 000
销售及管理费用总计			71 250

XW公司2017年度其他预计信息如下:

（1）预计第一季度发放现金股利30 000元。

（2）为发展需要，第二季度购买设备一台，价格45 000元，款项于购买当季全额支付。

（3）预计第四季度购买有价证券30 000元。

（4）预计全年所得税为40 000元，由每个季度平均负担。

（5）预算年度初现金余额为22 000元。企业需要保留的最低现金限额为20 000元，不足此数时需要向银行借款。根据企业与银行的协议，企业可以在每个季度初向银行借款，资金有多余时在季末偿还，借款年利率为10%，借款利息在偿还本金时一起支付。假设银行借款的金额要求是1000元的整数倍。

实训操作：

（1）销售预算见表7-11。

表7-11　XW公司2017年度销售预算　　　　　　　单位：元

项目		第一季度	第二季度	第三季度	第四季度	全年
预计销售收入	预计销量/件					
	单价/元					
	预计销售收入					
预计现金收入	期初应收账款					
	第一季度现金收入					
	第二季度现金收入					
	第三季度现金收入					
	第四季度现金收入					
	现金收入合计					

注：预计销售收入=预计销售量×预计销售单价。

某季度现金收入=该季度销售收入×该季度收现率+该季度期初应收账款×该季度回收率。

（2）生产预算见表 7-12。

表 7-12 XW 公司 2017 年度生产预算　　　　　　　单位：件

项目	第一季度	第二季度	第三季度	第四季度	全年
预计销售量					
加：预计期末结存					
预计需要量					
减：期初结存量					
预计生产量					

注：预计生产量=预计销售量+预计期末结存-期初结存量。

预计销售量来源于销售预算表。

期初结存量=上期期末结存。

预计期末结存=下季度销售量×10%。

（3）直接材料预算见表 7-13。

表 7-13 XW 公司 2017 年度直接材料预算　　　　　　单位：元

项目		第一季度	第二季度	第三季度	第四季度	全年
预计材料采购	预计生产量/件					
	材料消耗定额/千克					
	生产耗用量					
	加：期末结存量					
	预计需要量合计					
	减：期初结存量					
	预计材料采购量					
	材料计划单价					
	预计采购金额					
预计现金支出	期初应付账款					
	第一季度现金支出					
	第二季度现金支出					
	第三季度现金支出					
	第四季度现金支出					
	现金支出合计					

注：预计材料采购量=生产耗用量+期末结存量-期初结存量。

某季度材料采购现金支出额=该季度预计采购金额×该季度付现率+该季度期初应付账款×该季度付现率。

(4)直接人工预算见表 7-14。

表 7-14 XW 公司 2017 年度直接人工预算　　　　　　单位：元

项目	第一季度	第二季度	第三季度	第四季度	全年
预计生产量/件 单耗工时/小时 直接人工总工时 单位工时工资率					
直接人工总成本					

注：预计直接人工总工时=预计生产量×单位产品标准工时。

预计直接人工总成本=预计直接人工总工时×单位工时工资率。

(5)制造费用预算见表 7-15。

表 7-15 XW 公司 2017 年度制造费用预算　　　　　　单位：元

变动制造费用	金额	固定制造费用	金额
间接材料 间接人工 维修费用 水电费用 小计 直接人工总工时 变动制造费用分配率		维修费用 折旧费用 管理人员工资 保险费用 设备租金 小计 其中：付现费用	

项目	第一季度	第二季度	第三季度	第四季度	全年
直接人工工时					
变动制造费用					
付现的固定制造费用					
现金支出合计					

注：变动制造费用分配率=预计变动制造费用总额/预计直接人工总工时。

预计制造费用现金支出=预计变动制造费用现金支出+预计固定制造费用现金支出。

预计固定制造费用现金支出=(预计固定制造费用-预计折旧费用)÷4。

固定制造费用按季度均匀分摊。

（6）产品成本预算（用变动成本法编制）见表7-16。

表7-16　XW公司2017年度单位生产成本预算　　　　　　单位：元

项目	单位用量	单位价格	单位成本
直接材料	千克	元/千克	
直接人工	小时	元/小时	
变动制造费用	小时	元/小时	
单位变动生产成本			
期末存货成本预算	期末存货数量/件		
	单位生产成本		
	期末存货成本		

（7）销售及管理费用预算见表7-17。

表7-17　XW公司2017年度销售及管理费用预算　　　　单位：元

项目	第一季度	第二季度	第三季度	第四季度	全年
预计销售量					
分配率（元/件）					
变动销售及管理费用					
固定销售及管理费用					
减：折旧费					
现金支出合计					

注：变动销售及管理费用分配率=预计变动销售及管理费用总额/预计销售量。
固定销售及管理费用按季度均匀分摊。

（8）现金预算见表7-18。

表7-18　XW公司2017年度现金预算　　　　　　　　　单位：元

项目	第一季度	第二季度	第三季度	第四季度	全年
期初现金余额					
销售现金收入					
可供使用现金					
减：现金支出					
直接材料					
直接人工					
制造费用					
销售及管理费用					
购买设备					
股利					
支付所得税					

续表

项目	第一季度	第二季度	第三季度	第四季度	全年
现金支出合计					
现金多余或不足					
向银行借款					
向银行还款					
借款利息（10%）					
购买有价证券					
期末现金余额					

注：现金预算由现金收入、现金支出、现金多余或不足、资金的筹措或运用四部分组成。

现金多余（或不足）=现金收入-现金支出。

借款额=最低现金余额+现金不足额 ≈1000 的整数倍。

期末现金余额=期初现金余额+现金收入-现金支出±资金筹措（或运用）。

（9）利润表预算见表 7-19。

表 7-19　XW 公司 2017 年度利润表预算　　　　　　　　单位：元

项目	全年
销售收入	
减：变动成本	
变动生产成本	
变动销售及管理费用	
贡献毛益总额	
减：固定成本	
固定制造费用	
固定销售及管理费用	
利息费用	
利润总额	
所得税	
净利润	

注：所得税按照企业对利润进行预测分析时的估计数额填写。

（10）资产负债表预算见表 7-20。

表 7-20　XW 公司 2017 年度资产负债表预算　　　　　单位：元

资产	年末	年初	负债及所有者权益	年末	年初
流动资产			流动负债		
货币资金		22 000	应付账款		20 000
应收账款		60 000	短期借款		
存货		10 368	其他应付款		
有价证券投资					
流动资产合计		92 368	流动负债合计		20 000
固定资产		200 000	长期负债		
			所有者权益		
			实收资本		240 000
			未分配利润		32 368
资产总计		292 368	负债及所有者权益总计		292 368

注：固定资产=原值+新增-累计折旧。

年末未分配利润=年初未分配利润+本年预计利润-本年预计支付股利。

BWG 公司销售费用预算的重设与修正

BWG 公司是生产网球、棒球、美式足球和高尔夫球的领先制造商,该公司生产的产品通过各地分公司售予批发商与零售商,同时公司采取直营方式向大客户销售产品。

BWG 公司以往的销售费用是依据固定或分摊基础编制预算的。每年 9 月份,各销售部门经理根据财务部门提供的有关上一年度费用支出及截至目前的当年费用支出统计资料,结合本部门对下一年的销售预测,对预算年度的部门销售费用进行估计,这些资料再送交行销总监,由其审查是否合理并做必要的修改,通过与分公司经理研讨并调整差异后,再将各销售部门费用预算汇总成一份销售费用总预算,最后再提交预算管理委员会讨论并审核。如果审核不通过,预算管理委员会提出修改意见,要求各部门修改后重新审核。为了达到控制的目的,该预算被平均分至预算期内每一个月份,以便将各月的实际发生数与预算数进行对比。

A 分公司 2017 年 9 月份的费用报告如表 7-21 所示。

表 7-21 BWG 公司 2017 年 9 月 A 分公司销售费用预算执行报告 单位:元

项目	本月		
	预算	实际	差异
办公人员工资	3121	3385	+264
销售人员工资	31 221	26 621	-4600
差旅费	7061	6775	-286
办公用品	2305	2301	-4
邮费	681	1045	+364
电力	489	695	+206
会费	521	745	+224
捐赠	500	200	-300
广告费	6021	5921	-100
税捐	2827	2797	-30
租金	2471	2471	0
折旧	2045	2045	0
其他	5323	5373	+50
合计	64 586	60 374	-4212

由于到龄退休的原因,公司原总裁黄×辞去总裁职位,原技术部门经理赵×升任公司总裁。赵×上任后不久,发现公司对销售费用预算的编制存在问题,他认为应将销售费用划分为固定和变动两部分进行编制,这样才能充分有效地发挥预算的控制职能。总裁将这一想法与财务总监杨×进行了沟通,财务总监对此表示赞同,并开始对公司销售预算进行重新设定。

杨总监认为固定销售费用可以根据最低可能销售量下的费用支出计算，因此它要求行销经理找出公司最低销售量及该数量下的费用支出。行销经理根据本部门员工提供的各项资料，判断公司最低销售量不会低于工厂现有产能的70%。杨总监在此基础上计算该销售量下应有的费用支出，诸如工资、广告费、分公司管理费、折旧费等费用水平。对于变动销售费用的估计以每元销售收入为基础，她知道这种衡量基础有一定缺点。诸如无法反映订单大小、销售区域等对成本产生影响的因素，但由于资料容易获得，她仍然决定采取这种衡量基础，她相信随销售量调整的预算一定比一成不变的预算更佳。财务总监根据往年资料，利用线性回归导出系列成本费用项目与销售量间的函数关系，再以这些函数关系估计变动销售费用。从历史资料求得的方程式，加上各成本的未来判断，定出各项变动费用的单位变动成本，在此基础上，依据成本性态分析模型计算生产能力为70%时的固定成本。她认为新制度测试时可以修正单位变动成本和固定成本。次年的销售费用预算可以根据新标准固定成本加上变动成本计算，这份预算提交预算委员会审查其可行性，经修改后核准实施。

按照财务总监的设想，A销售分公司编制的销售费用预算报告如表7-22所示。

表7-22　BWG公司2017年9月A分公司销售费用预算报告　　　　单位：元

项目	弹性预算 固定	弹性预算 变动	本月 预算	本月 实际	本月 差异
销售净额			480 000	480 000	
主管工资	6000	—	6000	6000	0
办公人员工资	398	0.008	4238	4738	+500
销售人员工资	—	0.1	48 000	48 000	0
差旅费	965	0.015	8165	10 205	+2040
办公用品	506	0.005	2906	3020	+114
邮费	150	0.001	630	818	+188
电力	220	—	220	180	-40
会费	50	0.001	530	505	-25
捐赠	30	0.004	1950	300	-1650
广告费	100	0.022	10 660	11 700	+1040
税捐	452	0.007	3812	3900	+88
租金	2050	—	2050	2050	0
折旧	1887	—	1887	1887	0
其他费用	266	0.014	6986	6089	-897
合计	13 074	0.177	98 034	99 392	+1358

然而，销售主管李×认为，编制这种预算毫无意义，实际成效并不显著。

要求：

（1）分析新总裁赵×上任前，BWG公司过去的预算存在哪些问题？

（2）杨总监重新设定后的预算是否存在不足？如果存在，请提出修改建议。

第八单元 管理会计评价体系

一、实训目的

通过本单元的实训，学生应熟悉企业价值增加值的相关概念，掌握经济增加值的计算流程，能够通过经济增加值的计算，加深对经济增加值的理解及应用；熟悉平衡计分卡，并能结合实际情况设计并运用平衡计分卡体系。

二、知识回顾

（一）经济增加值

经济增加值法，是指以经济增加值（economic value added，EVA）为核心，建立业绩指标体系，引导企业注重价值创造，并据此进行绩效管理的方法。

经济增加值，是指税后净营业利润扣除资本成本后的净值。经济增加值及其改善值是全面评价经营者有效使用资本并为企业创造价值的重要指标。经济增加值为正，表明经营者在为企业创造价值；经济增加值为负，表明经营者在损毁企业价值。

经济增加值的计算公式为：

$$经济增加值（EVA）= 税后净营业利润 - 资本成本$$
$$= 税后净营业利润（NOPAT）- 平均资本占用（NA）\times 加权平均资本成本率（K_w）$$

式中，税后净营业利润（NOPAT）是调整后的营业净利润；资本投入额 NA，既包含债务资本，也包含权益资本；K_w 是加权平均资本成本率。

$$K_w = K_D(1-T)\frac{D}{D+E} + K_E \frac{E}{D+E}$$

式中，K_D 为企业负债的税前成本；K_E 为企业权益资本的成本；D 为企业负债的市场价值；E 为企业权益的市场价值；K_E 等于投资者将资本投入其他具体同等风险的投资组合中所期望能够获得的报酬。

$$K_D = \frac{利息费用}{负债总额}$$

企业所有者权益由优先股和普通股构成，其中，优先股的资本成本用税前的资本成本，而普通股的资本成本计算采用 CAPM 即资本资产定价模型。

CAPM 模型：

> 权益的机会成本=无风险证券的收益+公司无法避免的风险
> 公司无法避免的风险=系统性风险×风险的市场价格

风险的市场价格即市场风险溢价。

$$K_E = r_f + [E(r_m) - r_f] \times \beta$$

式中，r_f 为无风险收益率（一般使用政府债券的利率作为其近似替代）；$E(r_m)$ 是整个市场组合的预期收益率；$E(r_m) - r_f$ 为市场风险溢价；β 为权益的系统风险。

按照公认会计准则计算经济增加值需要调整的项目如表 8-1 所示。

表 8-1 按照公认会计准则计算经济增加值需要调整的项目

序号	项目
1	按照会计准则费用化的项目，从经济增加值的角度考虑需要资本化，此部分需要加上
2	经济增加值衡量的主要是投入资本带来的最终收益，所以对于营业外收支项目不予考虑。如减去处置资产的收益或者损失、不可抗力带来的损失及其他
3	对于财务费用中的不属于公司控制的汇兑损益和应当在资本成本中考虑的负债利息的支出应该从税后经营净利润中减去
4	按照会计准则中谨慎性原则提取的各项会计准备应予冲回即加上坏账准备，需要按照实际情况进行核算
5	对于在转化为固定资产之前的在建工程和非营业现金流需要进行调整；均应从资本总额中减除；同时对于非营业现金所产生的收益也从税后净营业利润中扣除
6	不占用资本费用的无息流动负债，需要从资本总额中减除
7	对于经济增加值的营业所得税，具体调整为：将税前调整的收支各项所对应的所得税加上
8	经营租赁需要按照融资租赁的处理方式进行调整
9	商誉不能将其摊销或者计入费用，需要做加回到投入资本的调整

（二）BSC 平衡计分卡

平衡计分卡（balanced score card，BSC），是指基于企业战略规划，从财务、客户、内部业务流程、学习与成长四个维度（见表 8-2），将战略规划目标逐层分解转化为具体的、相互平衡的业绩指标体系，并据此进行绩效管理的方法。

表 8-2 平衡计分卡的主要指标

序号	指标	备注
1	财务指标	财务指标
2	客户指标	非财务指标
3	内部运营流程指标	
4	学习与成长指标	

通过对企业从这几方面进行相关指标构建，能够全面、系统地反应企业经营业绩。

平衡计分卡的编制流程如下：

（1）首先确定企业战略目标；

（2）设定平衡计分卡的战略目标与指标；

（3）构建企业的平衡计分卡。

三、案例示范及引导

Q公司2016经济增加值的计算

对Q公司2016年的会计报表数据进行分析，简要计算其经济增加值。从该公司2016年的损益表中可知，2016年税后净利润为1 105 698 452元，为未调整的税后净利润。而未调整的资本投入额，选取2016年年初与年末资产总额的算术平均值，即为：（30 077 158 487+28 500 590 128）/2=29 288 874 308（元）。

下面分别从资本化费用、营业外收支、财务费用、会计准备、无报酬要求资产、非营业性资产、无息流动负债及商誉等项目进行调整。

计算经济增加值中的调整项。

第一步，资本化费用调整。

资本化费用调整主要包含研究开发费用、广告营销费用及培训支出等的调整。

这部分资本化费用在会计报表中主要在管理费用以及营业费用中体现，从2016年年报中不能得到准确数据。

假设2016年Q公司研究开发费用支出占2015年度税后净利润的5%，而广告营销费用占本年度销售费用的50%。对这些资本化费用的调整方法是将其资本化，并在5年内摊销。

按假设，2016年Q公司研究与开发费用的支出为：

1 612 043 514×5%=80 602 176（元）

广告营销费用为：

5 904 539 236×50%=2 952 269 618（元）

那么，对于这项费用的调整项为对税后净利润、资本投入额分别加上：

（80 602 176+2 952 269 618）/5=606 574 359（元）

第二步，营业外收支调整。

具体的调整办法应该是将营业外收支剔除在净利润之外，即加上营业外支出，减去营业外收入（包括补贴收入），同时，应考虑税收的影响。

具体的调整数目应该是：

（238 303 414-721 492 323）×（1-25%）=-362 391 682（元）

第三步，关于财务费用的调整。

这主要包括汇兑损益及负息债务的利息支出。

从损益表上可以看到，该年度 Q 公司的汇兑损益为零，因此不需要调整。

而负息债务的利息支出应该在资本成本中核算，理应从税后净利润中剔除，即调整方法为在税后净利润中加上这些利息支出。

而这些利息支出的具体数字能从报表及相关资料中获得，从现金流量表中得知：分配股利、利润或偿付利息支付的现金为 597 303 929 元，而现金分红的数额（含税）472 843 978 元，为简化计算约为 472 844 000 元；利息支出为：597 303 929−472 843 978=124 459 951（元）。

则具体调整数字为：

$$124\ 459\ 951 \times (1-25\%) = 93\ 344\ 963（元）$$

第四步，关于会计准备的调整。

具体的调整方法：计算税后净利润时，把会计准备冲回，即：按实际坏账发生额、实际存货跌价损失发生额、实际资产减值发生额和实际投资贬值损失发生额等计入相应的会计期间。

计算资本时，按应收账款、存货原值、短期投资和长期投资以及固定资产、无形资产账面值等计入资本（即提取会计准备前的数值）。

对资产投入额的调整，即加上会计准备，可以直接由会计报表中计算得到，该年度年年末该公司共提取准备金。依据相关报表及附注资料：固定资产减值损失为 5 638 040 元、应收账款计提坏账准备为 193 326 345 元，其他应收款坏账准备 74 123 790 元，存货跌价准备 5 730 106 元。

计提准备金额共计：

$$5\ 638\ 040+193\ 326\ 345+74\ 123\ 790+5\ 730\ 106=278\ 818\ 281（元）$$

假设 2016 年度实际发生的减值（或损失）为提取的准备的 30%，税后净利润需要加上：

$$278\ 818\ 281 \times 30\% \times (1-25\%) = 62\ 734\ 113（元）$$

第五步，对无报酬要求资产、非营业性资产的调整。

这类资产主要是在建工程、非营业现金等。

具体的调整方法：将在建工程和非营业现金从资本总额中剔除，不计算相关的资本成本；对非营业现金的相关收益也从税后净营业利润中扣除。

在调整中，对于非营业现金很难获得数字，这里不予考虑。而在建工程 2016 年年末数据为 193 446 726，故应从资本总额中剔除。

第六步，对无息流动负债的调整。

无利息费用的流动负债是指除短期借款和一年内到期的长期负债之外的所有流动负债，具体的调整方法应该从资本总额中扣除。

2016 年，Q 公司无利息费用的流动负债为 9 982 068 667 元。

第七步，关于商誉的调整。

商誉 1 307 103 982 不能将其摊销或者计入费用，需要做加回到投入资本的调整。

第八步，计算调整后的 NOPAT 和 NA。

NOPAT=1 105 698 452+606 574 359+(-362 391 682)+93 344 963+62 734 113
　　　=1 505 960 205（元）

NA=29 288 874 308+606 574 359+278 818 281-193 446 726-9 982 068 667+
　　1 307 103 982=21 305 855 537（元）

第九步，计算债务资本成本。

债务资本成本（K_D）=利息费用/负债总额=124 459 929/13 198 018 918=0.94%

第十步，计算权益资本成本。

采用资本资产定价模型（CAPM），来估算权益资本的成本。

$$K_E = r_f + [E(r_m) - r_f] \times \beta$$

k_s=r_f+[$E(r_m)$-r_f]×β

式中，无风险收益率 r_f 假设采用 2016 年 5 年期国债利率 4.42%；假设 2016 年 Q 公司的 β=0.54；假设整个市场组合的预期收益率 $E(r_m)$ 为 12.42%；为市场风险溢价 $E(r_m) - r_f$ 取均值 8%。

因此，可以采用上述资本资产定价模型计算权益资本成本。

$$K_E = 4.42\% + [12.42\% - 4.42\%] \times 0.54 = 8.74\%$$

第十一步，计算加权平均资本成本。

　　　负债总额=13 198 018 918（元）

权益资本年末市值=每股年末收盘价×流通股股数=33.20×695 910 000=23 104 212 000（元）

故加权平均资本成本：

$$K_w = K_D \frac{D}{D+E} + K_E \frac{E}{D+E}$$

$$= 0.94\% \times \frac{13\,198\,018\,918}{13\,198\,018\,918 + 23\,104\,212\,000} + 8.74\% \times \frac{23\,104\,212\,000}{13\,198\,018\,918 + 23\,104\,212\,000}$$

$$= 0.94\% \times \frac{13\,198\,018\,918}{36\,302\,230\,918} + 8.74\% \times \frac{23\,104\,212\,000}{36\,302\,230\,918}$$

$$= 0.94\% \times 0.36 + 8.74\% \times 0.63$$

$$= 0.34\% + 5.51\%$$

$$= 5.85\%$$

第十二步，计算 EVA。

EVA=NOPAT-K_w×NA
　　=1 505 960 205-5.85%×21 305 855 537
　　=1 505 960 205-1 246 392 549
　　=259 567 656（元）

Q 公司的数据资料如表 8-3~表 8-6 所示。①

表 8-3　资产负债表

编制单位：Q 股份有限公司　　　　2016 年 12 月 31 日　　　　单位：元　币种：人民币

项目	期末	期初
流动资产		
货币资金	8 572 685 245	8 401 751 637
应收票据	26 400 000	22 770 000
应收账款	124 647 040	117 990 987
预付款项	51 806 259	44 392 821
应收利息	71 557 290	148 581 416
应收股利	—	—
其他应收款	233 843 886	200 675 954
存货	2 412 442 780	2 182 435 136
其他流动资产	1 116 181 886	768 741 109
流动资产合计	12 609 564 386	11 887 339 060
非流动资产		
可供出售金融资产	608 642	608 642
长期应收款	—	—
长期股权投资	379 530 915	1 507 745 095
投资性房地产	24 946 020	25 512 148
固定资产	11 447 611 540	9 896 905 884
在建工程	193 446 726	287 469 734
固定资产清理	1 158 936	6 571 007
无形资产	2 974 746 773	2 707 099 617
商誉	1 307 103 982	1 307 103 982
长期待摊费用	39 921 000	39 861 860
递延所得税资产	1 042 209 554	769 158 717
其他非流动资产	56 310 013	65 214 382
非流动资产合计	17 467 594 101	16 613 251 068
资产总计	30 077 158 487	28 500 590 128
流动负债		
短期借款	302 341 000	810 387 282

---

① 数据资料来源于上海证券交易网站 Q 股份有限公司报表。

续表

项目	期末	期初
应付票据	307 516 920	100 141 631
应付账款	2 049 229 359	2 590 986 856
预收款项	1 320 882 187	1 000 313 388
应付职工薪酬	988 416 962	925 629 768
应交税费	396 466 643	261 889 152
应付利息	737 291	1486051
其他应付款	4 918 819 305	4 061 298 404
一年内到期的非流动负债	376 372	856 189
流动负债合计	10 284 786 039	9 752 988 721
非流动负债		
长期借款	1 376 480	1 711 800
专项应付款	175 014 368	251 632 082
递延收益	1 948 814 560	1 656 652 129
长期应付职工薪酬	538 957 516	537 725 965
递延所得税负债	249 069 955	133 868 381
非流动负债合计	2 913 232 879	2 581 590 357
负债合计	13 198 018 918	12 334 579 078
股东权益		
股本	1 350 982 795	1 350 982 795
资本公积	3 444 189 700	4 075 078 879
其他综合收益	-50 149 422	-20 326 159
盈余公积	1 400 704 380	1 400 704 380
一般风险准备	142 496 409	106 025 418
未分配利润	10 025 728 867	9 545 596 720
归属于母公司股东权益合计	16 313 952 729	16 458 062 033
少数股东权益	565 186 840	-292 050 983
股东权益合计	16 879 139 569	16 166 011 050
负债及股东权益总计	30 077 158 487	28 500 590 128

表 8-4　2016 年度公司利润表

编制单位：Q 股份有限公司　　　　　　　　　　单位：元　　币种：人民币

项目	本年度	上年度
一、营业收入	26 106 343 738	27 634 686 040
减：营业成本	−15 265 279 542	−17 192 101 695
税金及附加	−2 231 364 935	−2 030 394 346
销售费用	−6 029 439 233	−5 904 539 236
管理费用	−1 340 543 211	−1 412 435 528
财务费用	257 408 345	299 597 521
资产减值损失	−7 842 038	−2 062 375
加：投资收益	150 969 732	462 412 814
其中：对联营企业和合营企业的投资损失	−5 214 764	−4 562 375
二、营业利润	1 640 252 856	1 855 163 195
加：营业外收入	721 492 323	558 817 491
其中：非流动资产处置利得	1 460 219	29 048 431
减：营业外支出	−238 303 414	−139 158 284
其中：非流动资产处置损失	−225 003 832	−130 560 143
三、利润总额	2 123 441 765	2 274 822 402
减：所得税费用	−1 017 743 313	−662 778 888
四、净利润	1 105 698 452	1 612 043 514
归属于母公司股东的净利润	1 043 486 428	1 713 128 882
少数股东损益	62 212 024	−101 085 368
五、其他综合收益的税后净额	−29 823 263	−30 366 503
归属于母公司股东的其他综合收益的税后净额		
以后不能重分类进损益的其他综合收益		
重新计量设定受益计划净负债的变动	−18 142 000	−18 513 000
以后将重分类进损益的其他综合收益		
权益法下在被投资单位以后将重分类进损益的其他综合收益中享有的份额	51 552	−76 953
外币财务报表折算差额	−11 732 815	−11 776 550
六、综合收益总额	1 075 875 189	1 581 677 011
归属于母公司股东的综合收益总额	1 013 663 165	1 682 762 379
归属于少数股东的综合收益总额	62 212 024	−101 085 368
七、每股收益		
基本每股收益	0.772	1.268
稀释每股收益	0.772	1.268

表 8-5 2016 年度现金流量表

编制单位：Q 股份有限公司　　　　　　　　　　　　　单位：元　币种：人民币

项目	2016 年度	2015 年度
一、经营活动产生的现金流量		
销售商品、提供劳务收到的现金	29 277 078 222	30 171 388 322
收到的税费返还	22 808 497	10 028 669
收到其他与经营活动有关的现金	987 213 785	1 124 581 635
经营活动现金流入小计	30 287 100 504	31 305 998 626
购买商品、接受劳务支付的现金	-13 915 236 142	-15 852 126 090
支付给职工以及为职工支付的现金	-4 290 094 173	-4 031 145 871
支付的各项税费	-5 261 199 825	-4 920 972 297
支付其他与经营活动有关的现金	-3 849 679 160	-3 927 188 608
经营活动现金流出小计	-27 316 209 300	-28 731 432 866
经营活动产生的现金流量净额	2 970 891 204	2 574 565 760
二、投资活动产生的现金流量		
收回投资收到的现金	2 970 467 515	900 000 000
取得投资收益所收到的现金	45 045 052	44 952 014
处置固定资产、无形资产和其他长期资产收回的现金净额	26 868 010	43 670 333
处置子公司及其他营业单位收到的现金净额	—	459 983 058
收到其他与投资活动有关的现金	607 457 479	964 583 967
投资活动现金流入小计	3 649 838 056	2 413 189 372
购建固定资产、无形资产和其他长期资产支付的现金	-855 872 099	-1 314 449 614
投资支付的现金	-3 259 900 000	-1 211 507 900
取得子公司及其他营业单位支付的现金净额	-572 059 978	-100 000 000
支付其他与投资活动有关的现金	-126 021 221	-23 941 227
投资活动现金流出小计	-4 813 853 298	-2 649 898 741
投资活动产生的现金流量净额	-1 164 015 242	-236 709 369
三、筹资活动产生的现金流量		
取得借款收到的现金	46 000 000	685 688 711
收到其他与筹资活动有关的现金	—	304 095 000

续表

项目	2016 年度	2015 年度
筹资活动现金流入小计	46 000 000	989 783 711
偿还债务支付的现金	-918 538 871	-328 662 415
分配股利、利润或偿付利息支付的现金	-597 303 929	-690 740 856
其中：子公司支付给少数股东的股利、利润	-56 623 034	-69 015 440
支付其他与筹资活动有关的现金	-578 521	-1 058 358
筹资活动现金流出小计	-1 516 421 321	-1 020 461 629
筹资活动产生的现金流量净额	-1 470 421 321	-30 677 918
四、汇率变动对现金及现金等价物的影响	17 644 207	1 805 946
五、现金及现金等价物净增加额	354 098 848	2 308 984 419
加：年初现金及现金等价物余额	7 575 374 183	5 266 389 764
六、年末现金及现金等价物余额	7 929 473 031	7 575 374 183

表 8-6 Q 公司 2016 年（含报告期）的普通股股利分配方案或预案

单位：千元 币种：人民币

分红年度	每 10 股派息数（含税）	现金分红的数额（含税）	分红年度合并报表中归属于上市公司普通股股东的净利润	占合并报表中归属于上市公司普通股股东的净利润的比率/%
2016 年	3.5	472 844 （472 843 978 元）	1 043 486	45.31

2016 年股利分配：根据可供分配利润总额，按照最新股本 1 350 982 795 股计算，2016 年度每股拟派股利现金人民币 0.35 元（含税），共计派发现金股利人民币 472 843 978 元（含税）。

四、案例实训演练

LM 礼服经济增加值的计算应用分析

LM 礼服公司两个分公司的经营情况如下：

西南公司：总资产 10 000 000 元，流动负债 2 500 000 元，营业利润 2 000 000 元。

东南公司：总资产 50 000 000 元，流动负债 1 500 000 元，营业利润 7 500 000 元。

要求：

（1）将营业利润作为利润，总资产作为投资，计算投资报酬率。

（2）企业以剩余收益评价管理者的业绩，希望剩余收益最大化。其要求的最低报酬率为 10%时，请问各个分公司的剩余收益分别是多少？

（3）公司进行融资：其一是权益资本，金额为 35 000 000 元，资本成本率为 12%；其二是长期贷款，金额 35 000 000 元，年息 8%。所得税率为 25%。由于各公司的风险类似，LM 礼服对各分公司使用相同的加权平均资本成本。请计算公司的经济增加值。

第八单元 管理会计评价体系

LM 礼服 BSC 的应用分析

　　LM 礼服是一家礼服零售店，它的目标客户形象设计为：① 受过高等教育；② 有正式工作的高级白领；③ 领导时尚；④ 有魅力，自信；⑤ 年龄为 20~35 岁的女性。LM 礼服通过网络和电视广播及宣传材料传达它的目标客户形象。把一个清楚明晰的客户形象传递给潜在客户，使其将来和现有的客户满意。

　　LM 礼服通过客户战略来建立它的客户目标：

　　其一，增加礼服的客户份额；

　　其二，通过客户忠诚度来增加礼服的客户份额。

　　为了创建这种忠诚度：

　　（1）其品牌必须满足客户的渴望和生活方式目标；

　　（2）商品必须按客户的需要和客户渴望的形象来确定；

　　（3）商品销售必须促进客户忠诚度；

　　（4）必须明确其目标客户及他们的购买行为；

LM 礼服确定将款式、质量、价格这三个目标作为客户价值观念的关键产品属性。

　　款式目标：提供能够满足客户期望并符合 LM 礼服品牌的商品。

　　质量目标：提供高品质的产品，保证式样和产品的目录一致。

　　价格目标：按照符合市场公允的价格提供高质量的商品。

店面销售也被认为是十分重要的，其销售方面用上帝购物体验的以下几个因素来实现：

　　（1）销售人员"女仆式"服务；

　　（2）销售人员能够清晰地与顾客交流；

　　（3）销售人员有良好的产品知识；

　　（4）销售人员能够立即记住客户的名字；

　　（5）销售人员能够真诚对待顾客并请她再次光顾；

　　（6）LM 礼服店面的视觉效果给人以焕然一新的视觉体验。

　　LM 礼服建立了理想销售员形象的明确指标，并传达给所有销售人员。

　　要求：选择 LM 礼服在客户和营运流程方面合适的 BSC 指标，并说明其指标选取的理由。

第八单元　管理会计评价体系

E 电器股份有限公司[①]

E 电器股份有限公司是一家具有全球竞争力的消费电子系统供应商和内容服务提供商，属于家电制造，于 1993 年 4 月 8 日在四川绵阳成立。

截至 2016 年 12 月 31 日，公司注册资本和股本均为 4 616 244 222 元。经营范围：电器、电子产品及零配件、电子元器件的销售及相关进出口业务，电信业务代办。2016 年度，集团主要从事电视机、冰箱、空调、压缩机、视听产品、电池、手机等产品的生产销售，IT 产品的销售以及房地产开发等生产经营活动。

公司目前已经实现了从单纯的家电制造商向标准制定商、内容提供商的转变，形成了集数字电视、空调、冰箱、IT、通信、数码、网络、电源、商用系统电子、小家电等产业研发、生产、销售为一体的多元化、综合型跨国企业集团。

公司建立起了开放式的自主技术创新体系，成功构建起完善的全球消费类电子技术创新平台，使公司由传统的家电企业向 3C 融合的信息家电企业转型，并成功构架跨越广电网、通信网及互联网的 3C 产业体系。

目前，E 电器股份有限公司拥有遍及全国的 30 000 余个营销网络和 8000 余个服务网点。同时在美洲、澳洲、东南亚、欧洲设立了子公司，经贸往来遍及全球 100 多个国家和地区。

1. 相关数据资料

假设 2016 年 E 公司研究开发费用支出占 2015 年度税后净利润的 6%，而广告营销费用占本年度销售费用的 45%，5 年内摊销。

对于非营业现金很难获得数字，这里不予考虑，只考虑在建工程项目。

假设 2016 年 E 公司的 β 为 0.956；2016 年 5 年期国债利率为 4.42%。

假设整个市场组合的预期收益率为 11.42%。

假设 2016 年度实际发生的减值（或损失）为提取的准备的 25%，2016 年流通股股数为 4 610 000 000 股，本年收盘价为 5.79 元。

2. 行业格局和趋势

当前及未来一段时期，全球政治经济格局总体呈现出"大调整、大变革、大重组"的特征。全球经济复苏的动能仍然疲弱，国内产能过剩和需求结构升级的矛盾仍然突出，经济增长内生动力不强，一些领域的金融风险已经显现。与此同时，我们也应看到新型深度城市化（区域经济一体化、立体交通体系、智慧城市等）、大消费、"一带一路"有望成为支撑中国经济新一轮大发展的新三驾马车，将为综合家电产业转型升级（产品升级、商业模式变革、综合解决方案、智慧产业）带来重要增长动能。受国际货币政策、中美新一轮宏观经济发展举措、大宗物资价格周期等多重因素的影响，

[①] 数据来源于上海证券交易所 E 电器股份有限公司年报。

钢、铜、锌等大宗物资价格明显反弹，带动家电终端产品售价回升，产业升级转型成为重要竞争性诉求。彩电产业，大板、曲面、OLED 等中高端产品增长将加快；冰箱产业，变频、五门、十字等中高端产品将引领增长；空调产业，高能效、智能、WIFI成结构性卖点；军工产业，产业整合升级加快，网络信息体系建设和武器装备自主可控发展成军事工业的新方向；房地产产业，受政策转向、货币收紧、存量库存、汇率波动等因素影响，2017年市场有所降温。

公司面临的主要机遇包括：中国加速打造宏观经济新马车（深度城市化、"一带一路"、大消费），为海外市场开拓、产业结构升级、智慧城市关联产业发展带来大机遇；大国崛起带动地缘竞争加剧，为公司军民融合战略实施带来良好契机；受生态环境压力与国家产业战略双向推动，"环保、新能源"等产业有望获得更大发展空间；国家加快推动国企混改，推动企业在治理结构、激励机制等方面更具活力。

3. 公司发展战略

公司坚持"转型升级、改革创新、聚合资源、做大做强"的发展方针，持续优化产业结构，完善体制机制，整合内外部资源，构建能力平台，增强盈利能力，提升行业地位，确保国有资产保值增值。力争到2020年，公司主要产业回归行业前列，实现转型升级战略突围，打造军民产业深度融合企业典范，成为受人尊重、具有国际竞争力和影响力的大型跨国企业集团。

（1）做大做强核心产业。

通过稳固主业，实现企业良性经营。基于能力进行业务整合，实现提质增效；推进全球化，加强海外业务拓展，实现规模增长。

① 做大做强综合家电产业。智能设备方面，在强化质量、成本等硬件产品本质诉求的基础上，提升产品的智能化水平，增强盈利能力，同时加强全球化业务拓展。数字营销方面，有效整合线上线下资源，打造营销、物流、服务等统一渠道平台。核心部件及前端配套方面，进行内部制造能力整合，推动制造能力的产业化转型。

② 做大做强 IT 增值服务产业。基于互联网发展新业务，探索服务转型。

③ 做强做优军工产业。军工产品方面，适应国防工业管理体系的变化，与国防科研机构、重点军工企业开展多种层次的合作，提升市场拓展、技术研发、产品制造等核心能力，壮大军品规模，增强盈利能力；军民融合方面，强化军工与其他产业单元的协同，促进军用品与民用品的技术合作及渠道共享。

（2）拓展新兴产业。

围绕移动、智能服务、供应链服务、金融及新领域等五个方面拓展新兴产业，寻求新的增长极。基于现有能力和资源积累，进行内外部整合，发展新业务，以用户为基础发展运营服务。

4. 经营计划

2017年公司经营方针为"深改革，提能力，强产业，促良性"。经营目标为：收入同比增长不低于5%，盈利能力保持基本稳定并推动利润结构持续改善，主要产品线市场占有率进一步提升。

（1）开展"争上游"计划。

培养公司企业家队伍，激发各子公司经营活力，基于利润的持续、良性增长，引导各子公司良性经营，提升公司整体价值。

（2）完善全面预算体系。

基于业务活动，通过体系建设做到"事前有计划、事中有控制、事后能考评"，使经营可预测及稳定推进，以促进战略规划和经营目标的达成。

（3）完善四项体系性工作。

① 完善技术体系。强化核心技术把控能力及技术生态建设能力，同时通过有效的技术投入及产出管理，推进技术研究成果的有效转化。

② 完善营销体系。围绕"以零售为核心的营销体系管理，以零售价格为核心的价值体系管理，以客户的商业库存为核心的营销运营效率管理"进行改进，并通过深化营销信息化平台建设与应用，实现销售与产业链信息整合，实现系统提效。

③ 完善制造体系建设。通过搭建智能制造运营的云平台的建设，构建研发、供应链、制造、交易、物流信息决策响应一体化模式，迎接"个人定制时代"。

④ 完善人力资源体系建设。实施高端人才选聘计划、年轻干部培养与选拔、领导干部退出机制等推进管理团队建设，并通过实施差异化薪酬分配、中长期激励制度，激活动力。

（4）推进四项攻坚性工作。

① 做强做优彩电业务。通过营销信息化及线上线下双突破，加强渠道建设；以用户为中心，加强产品定义能力，坚持以产品力提升为核心支撑，推动产品量利突破；通过精品意识，提升品牌形象。

② 发展振兴军工产业。转变观念，推动军民融合协同创新发展；提前卡位，推动重大项目及时落地；整合资源，抓取合作共赢机会；落地实施重大专项，全面推动军工产业持续改善及提升。

③ 抓好投资并购机遇。集中公司资源推动产业并购工作，促进公司产业转型升级；充分发挥基金在并购及投资领域的市场化决策机制及专业化支撑作用，推动基金参与产业并购、对接项目孵化；鼓励核心产业通过并购弥补短板、拓展增量，重点关注并抓住在电视、洗衣机、军民融合、汽车空调、电源等业务领域存在的并购机会。

④ 优化资产负债结构。通过优化融资结构，增加权益融资比重；通过创新产业融资通路，做好供应链融资、融资租赁、应收账款融资等金融创新工作；推动公司资产负债率持续下降。

（5）可能面临的风险。

内外资金环境趋紧，对企业自主造血能力提出更高要求；受体制机制等因素所困，国企人才流失可能加剧；竞争对手在"十三五"期间布局发力明显加快，竞争格局面临质变；面板、铜、钢等大宗物资材料价格面临上涨，对制造成本控制能力提出更高要求。

5. 报表资料（见表 8-7～表 8-10）

表 8-7 资产负债表

编制单位：E 电器股份有限公司　　　2016 年 12 月 31 日　　　单位：元　币种：人民币

项目	期末余额	期初余额
流动资产		
货币资金	11 955 056 137.64	10 254 494 369.54
结算备付金		
拆出资金		
以公允价值计量且其变动计入当期损益的金融资产	241 064 733.40	51 666 244.34
衍生金融资产		
应收票据	5 590 511 029.01	6 317 909 535.99
应收账款	7 788 563 634.55	8 032 777 170.63
预付款项	1 677 234 316.08	1 701 902 420.16
应收保费		
应收分保账款		
应收分保合同准备金		
应收利息	27 194 064.67	71 482 450.52
应收股利		
其他应收款	506 165 765.81	515 186 085.63
买入返售金融资产		
存货	12 044 638 406.24	11 745 272 882.94
划分为持有待售的资产		
一年内到期的非流动资产	12 625 340.00	
其他流动资产	2 757 181 872.59	1 839 218 227.16
流动资产合计	42 600 235 299.99	40 529 909 386.91
非流动资产		
发放贷款和垫款		
可供出售金融资产	261 698 310.92	261 991 095.55

续表

项目	期末余额	期初余额
持有至到期投资		
长期应收款	4 706 951 456.88	3 448 307 631.53
长期股权投资	2 359 405 508.64	1 113 696 772.98
投资性房地产	72 226 601.83	455 058 626.28
固定资产	5 614 349 690.55	5 848 244 605.11
在建工程	354 815 244.42	179 436 462.07
工程物资		
固定资产清理	95 368 401.53	95 328 830.04
生产性生物资产		
油气资产		
无形资产	3 093 912 179.92	3 039 003 145.57
开发支出	215 532 563.91	215 011 489.46
商誉	157 934 303.91	157 526 426.68
长期待摊费用	26 112 711.32	7 770 809.34
递延所得税资产	205 550 616.24	178 751 486.80
其他非流动资产	98 881 156.16	84 975 340.70
非流动资产合计	17 262 738 746.23	15 085 102 722.11
资产总计	59 862 974 046.22	55 615 012 109.02
流动负债		
短期借款	13 896 904 905.28	9 760 087 003.12
向中央银行借款		
吸收存款及同业存放		
拆入资金		
以公允价值计量且其变动计入当期损益的金融负债	19 759 857.09	53 396 561.88
衍生金融负债		
应付票据	8 570 554 473.04	6 916 704 396.14
应付账款	9 493 139 359.85	8 133 207 300.96
预收款项	1 356 804 119.41	1 369 859 256.74
卖出回购金融资产款		

续表

项目	期末余额	期初余额
应付手续费及佣金		
应付职工薪酬	538 365 579.08	460 110 409.17
应交税费	381 816 478.83	−20 959 028.97
应付利息	13 661 479.05	112 073 669.33
应付股利	8 938 136.95	5 645 923.21
其他应付款	2 709 123 839.79	2 859 829 036.37
应付分保账款		
保险合同准备金		
代理买卖证券款		
代理承销证券款		
划分为持有待售的负债		
一年内到期的非流动负债	705 276 215.35	1 546 061 223.80
其他流动负债	2 920 548.02	3 000 000 000.00
流动负债合计	37 697 264 991.74	34 196 015 751.75
非流动负债		
长期借款	690 008 788.00	826 695 003.19
应付债券	—	1 623 400 000.00
其中：优先股		
永续债		
长期应付款	205 807 555.42	
长期应付职工薪酬	261 798 619.11	281 101 265.28
专项应付款	32 920 000.00	31 520 000.00
预计负债	444 735 202.74	447 992 199.32
递延收益	450 153 138.67	397 604 122.12
递延所得税负债	51 528 305.20	9 314 122.51
其他非流动负债		
非流动负债合计	2 136 951 609.14	3 617 626 712.42
负债合计	39 834 216 600.88	37 813 642 464.17
所有者权益		
股本	4 616 244 222.00	4 616 244 222.00

续表

项目	期末余额	期初余额
其他权益工具		
其中：优先股		
永续债		
资本公积	3 910 229 505.56	3 907 604 531.90
减：库存股		
其他综合收益	−35 955 172.61	20 579 625.95
专项储备	2 106 563.34	427 355.92
盈余公积	68 627 909.45	2 184 773 404.07
一般风险准备		
未分配利润	4 047 864 216.37	1 376 933 986.23
归属于母公司所有者权益合计	12 609 117 244.11	12 106 563 126.07
少数股东权益	7 419 640 201.23	5 694 806 518.78
所有者权益合计	20 028 757 445.34	17 801 369 644.85
负债和所有者权益总计	59 862 974 046.22	55 615 012 109.02

表 8-8　利润表

编制单位：E 电器股份有限公司　　　　2016 年 1—12 月　　　　单位：元　币种：人民币

项目	本期发生额	上期发生额
一、营业总收入	67 175 343 225.71	64 847 813 147.02
其中：营业收入	67 175 343 225.71	64 847 813 147.02
利息收入		
已赚保费		
手续费及佣金收入		
二、营业总成本	66 574 270 514.23	66 127 376 193.73
其中：营业成本	57 585 475 058.40	56 256 852 017.23
利息支出		
手续费及佣金支出		
退保金		
赔付支出净额		
提取保险合同准备金净额		

续表

项目	本期发生额	上期发生额
保单红利支出		
分保费用		
税金及附加	477 200 501.00	436 117 121.83
销售费用	5 248 033 737.11	5 010 512 142.29
管理费用	2 730 352 911.27	2 845 720 097.42
财务费用	260 141 296.91	1 038 699 288.50
资产减值损失	273 067 009.54	539 475 526.46
加：公允价值变动收益（损失以"－"号填列）	223 035 193.85	-42 583 441.78
投资收益（损失以"－"号填列）	346 348 951.42	135 860 276.29
其中：对联营企业和合营企业的投资收益	36 601 030.39	32 290 347.55
汇兑收益（损失以"－"号填列）		
三、营业利润（亏损以"－"号填列）	1 170 456 856.75	-1 186 286 212.20
加：营业外收入	357 571 525.72	446 621 464.74
其中：非流动资产处置利得	17 245 829.75	13 730 671.73
减：营业外支出	86 150 434.19	698 525 742.22
其中：非流动资产处置损失	79 748 186.84	13 630 816.95
四、利润总额（亏损总额以"－"号填列）	1 441 877 948.28	-1 438 190 489.68
减：所得税费用	282 443 670.60	284 076 089.44
五、净利润（净亏损以"－"号填列）	1 159 434 277.68	-1 722 266 579.12
归属于母公司所有者的净利润	554 784 735.52	-1 973 601 189.38
少数股东损益	604 649 542.16	251 334 610.26
六、其他综合收益的税后净额	-52 121 330.35	-450 692.18
归属母公司所有者的其他综合收益的税后净额	-56 534 798.56	-8 301 462.68
（一）以后不能重分类进损益的其他综合收益	-29 900.23	-187 749.67
1. 重新计量设定受益计划净负债或净资产的变动		
2. 权益法下在被投资单位不能重分类进损益的其他综合收益中享有的份额		
3. 其他	-29 900.23	-187 749.67

续表

项目	本期发生额	上期发生额
（二）以后将重分类进损益的其他综合收益	-56 504 898.33	-8 113 713.01
1. 权益法下在被投资单位以后将重分类进损益的其他综合收益中享有的份额		
2. 可供出售金融资产公允价值变动损益		
3. 持有至到期投资重分类为可供出售金融资产损益		
4. 现金流量套期损益的有效部分		
5. 外币财务报表折算差额	-56 504 898.33	-8 113 713.01
6. 其他		
归属于少数股东的其他综合收益的税后净额	4 413 468.21	7 850 770.50
七、综合收益总额	1 107 312 947.33	-1 722 717 271.30
归属于母公司所有者的综合收益总额	498 249 936.96	-1 981 902 652.06
归属于少数股东的综合收益总额	609 063 010.37	259 185 380.76
八、每股收益		
（一）基本每股收益（元/股）	0.1202	-0.428
（二）稀释每股收益（元/股）	0.1202	-0.428

表 8-9　现金流量表

编制单位：E 电器股份有限公司　　　　2016 年 1—12 月　　　　单位：元　币种：人民币

项目	本期发生额	上期发生额
一、经营活动产生的现金流量		
销售商品、提供劳务收到的现金	67 433 490 697.12	68 029 084 537.78
客户存款和同业存放款项净增加额		
向中央银行借款净增加额		
向其他金融机构拆入资金净增加额		
收到原保险合同保费取得的现金		
收到再保险业务现金净额		
保户储金及投资款净增加额		
处置以公允价值计量且其变动计入当期损益的金融资产净增加额		

续表

项目	本期发生额	上期发生额
收取利息、手续费及佣金的现金		
拆入资金净增加额		
回购业务资金净增加额		
收到的税费返还	1 103 128 082.48	924 231 551.65
收到其他与经营活动有关的现金	347 776 543.83	809 378 276.80
经营活动现金流入小计	68 884 395 323.43	69 762 694 366.23
购买商品、接受劳务支付的现金	55 134 775 912.44	57 311 558 990.75
客户贷款及垫款净增加额		
存放中央银行和同业款项净增加额		
支付原保险合同赔付款项的现金		
支付利息、手续费及佣金的现金		
支付保单红利的现金		
支付给职工以及为职工支付的现金	4 625 175 184.82	4 367 854 208.35
支付的各项税费	1 899 696 770.28	1 789 544 856.17
支付其他与经营活动有关的现金	2 554 249 919.21	3 057 505 296.36
经营活动现金流出小计	64 213 897 786.75	66 526 463 351.63
经营活动产生的现金流量净额	4 670 497 536.68	3 236 231 014.60
二、投资活动产生的现金流量		
收回投资收到的现金	3 897 573 629.00	2 195 494 639.52
取得投资收益收到的现金	64 552 140.22	46 083 173.94
处置固定资产、无形资产和其他长期资产收回的现金净额	45 545 609.53	26 592 271.26
处置子公司及其他营业单位收到的现金净额	-27 158 390.06	19 403 393.63
收到其他与投资活动有关的现金	895 200 433.99	730 099 953.30
投资活动现金流入小计	4 875 713 422.68	3 017 673 431.65
购建固定资产、无形资产和其他长期资产支付的现金	835 568 470.60	704 382 238.11
投资支付的现金	5 259 778 372.25	3 781 713 449.31
质押贷款净增加额		
取得子公司及其他营业单位支付的现金净额	38 721 398.37	

续表

项目	本期发生额	上期发生额
支付其他与投资活动有关的现金	1 667 859 614.77	1 443 844 722.33
投资活动现金流出小计	7 801 927 855.99	5 929 940 409.75
投资活动产生的现金流量净额	-2 926 214 433.31	-2 912 266 978.10
三、筹资活动产生的现金流量		
吸收投资收到的现金	1 274 980 892.60	125 237 430.26
其中：子公司吸收少数股东投资收到的现金	1 274 980 892.60	125 237 430.26
取得借款收到的现金	22 074 595 127.92	16 878 923 596.28
发行债券收到的现金		1 623 400 000.00
收到其他与筹资活动有关的现金	446 299 390.99	1 301 283 783.72
筹资活动现金流入小计	23 795 875 411.51	19 928 844 810.26
偿还债务支付的现金	23 105 555 298.57	22 337 606 804.40
分配股利、利润或偿付利息支付的现金	693 121 258.18	442 187 467.24
其中：子公司支付给少数股东的股利、利润	165 593 835.44	28 532 000.00
支付其他与筹资活动有关的现金	2 092 617.84	11 895 297.31
筹资活动现金流出小计	23 800 769 174.59	22 791 689 568.95
筹资活动产生的现金流量净额	-4 893 763.08	-2 862 844 758.69
四、汇率变动对现金及现金等价物的影响	76 953 049.43	78 566 555.92
五、现金及现金等价物净增加额	1 816 342 389.72	-2 460 314 166.27
加：期初现金及现金等价物余额	9 609 636 833.25	12 069 950 999.52
六、期末现金及现金等价物余额	11 425 979 222.97	9 609 636 833.25

表 8-10　E 公司 2016 年（含报告期）的普通股股利分配方案或预案、资本公积金转增股本方案或预案

单位：元　币种：人民币

分红年度	每 10 股派息数（含税）	现金分红的数额（含税）	分红年度合并报表中归属于上市公司普通股股东的净利润	占合并报表中归属于上市公司普通股股东的净利润的比率/%
2016 年	0.4	184 649 768.88	554 784 735.52	33.28

要求：

（1）根据所给出的资料进行相应项目调整。其中需要调整的项目为：资本化费用的调整、营业外收支的调整、关于财务费用的调整、关于会计准备的调整、对无报酬要求资产和非营业性资产的调整、对无息流动负债的调整、关于商誉的调整。

（2）计算 2016 年 E 电器股份有限公司的经济增加值，利用经济增加值法对 E 电器股份有限公司进行分析，并对其经营业绩进行评价。

（3）依据所给资料，利用平衡计分卡原理构建 E 电器股份有限公司的平衡计分卡。

第八单元　管理会计评价体系

参考文献

[1] 王艳芹. 管理会计学案例与实训教程[M]. 成都：西南财经大学出版社，2014.

[2] 杨学富，耿广猛. 管理会计实训教程[M]. 大连：东北财经大学出版社，2009.

[3] 杜学森. 管理会计实训教程[M]. 南京：东南大学出版社，2005.

[4] 余绪缨. 管理会计学[M]. 北京：中国人民大学出版社，2009.

[5] 吴大军. 管理会计[M]. 北京：中央广播电视大学出版社，2017.

[6] [英]怀特. 管理会计[M]. 北京：中国经济出版社，1999.

[7] 潘飞. 管理会计[M]. 上海：上海财经大学出版社，2003.

[8] 龚巧莉. 全面预算管理：案例与实务指引[M]. 北京：机械工业出版社，2011.

[9] 韦群生，周玮. 财务管理[M]. 上海：同济大学出版社，2015.

[10] 中国注册会计师协会. 财务成本管理[M]. 北京：中国财政经济出版社，2015.

[11] 张纯. EVA 是什么：一场基于企业价值的管理革命[M]. 北京：中国财政经济出版社，2004.

[12] 余恕莲，李相志，吴革. 管理会计（第三版）习题及参考解答[M]. 北京：对外经济贸易大学出版社，2013.

[13] 管理会计应用指引第 100 号—101 号——战略管理相关应用指引[EB/OL]. http://kjs.mof.gov.cn/zhengwuxinxi/zhengcefabu/201710/t20171018_2727363.html,2017-09-29.

[14] 管理会计应用指引第 200 号—201 号——预算管理相关应用指引[EB/OL]. http://kjs.mof.gov.cn/zhengwuxinxi/zhengcefabu/201710/t20171018_2727363.html,2017-09-29.

[15] 管理会计应用指引第 300 号—304 号——成本管理相关应用指引[EB/OL]. http://kjs.mof.gov.cn/zhengwuxinxi/zhengcefabu/201710/t20171018_2727363.html,2017-09-29.

[16] 管理会计应用指引第 400 号—403 号——营运管理相关应用指引[EB/OL]. http://kjs.mof.gov.cn/zhengwuxinxi/zhengcefabu/201710/t20171018_2727363.html,2017-09-29.

[17] 管理会计应用指引第 500 号—502 号——投融资管理相关应用指引[EB/OL]. http://kjs.mof.gov.cn/zhengwuxinxi/zhengcefabu/201710/t20171018_2727363.html,2017-09-29.

[18] 管理会计应用指引第 600 号—603 号——绩效管理相关应用指引[EB/OL]. http://kjs.mof.gov.cn/zhengwuxinxi/zhengcefabu/201710/t20171018_2727363.html,2017-09-29.